Seres de Luz e os 12 Raios da Grande Fraternidade Branca

Doriana Tamburini

Seres de Luz e os 12 Raios da Grande Fraternidade Branca

ALFABETO

Publicado em 2015 pela Editora Alfabeto

Supervisão geral: Edmilson Duran
Diagramação: Décio Lopes
Capa: Cintia de Cerqueira Cesar
Desenhos: Ricardo Ribeiro Machado
Revisão de texto: Ivana Ulivi, Ângela Keramidas, Sérgio de Moura Santos e Luciana Papale

---

DADOS INTERNACIONAIS DE CATALOGAÇÃO NA PUBLICAÇÃO (CIP)

Tamburini, Doriana

Seres de Luz e os 12 Raios da Grande Fraternidade Branca. São Paulo: Editora Alfabeto, 6ª edição atualizada e reformulada, 2021.

ISBN: 978-65-87905-04-4

1. Grande Fraternidade Branca   2. Mestres Ascensionados   I. Título

---

Todos os direitos sobre esta obra estão reservados a Autora, sendo proibida sua reprodução total ou parcial ou veiculação por qualquer meio, inclusive internet, sem autorização expressa por escrito.

EDITORA ALFABETO
Rua Protocolo, 394 | CEP: 04254-030 | São Paulo/SP
Tel: (11) 2351-4168 | editorial@editoraalfabeto.com.br
Loja Virtual: www.editoraalfabeto.com.br

Dedicatória

Dedico esta compilação, constatação e caminho a todos aqueles que nos antecederam e mantiveram as chamas acesas até hoje, lembrando que, no Grande Ciclo da Vida, desde o mais humilde e anônimo Servidor da Luz Divina e do Amor Maior, como meu amigo e irmão de alma Zé Carlos, até o mais bravo Servidor da Causa da Liberdade desta Terra, nosso bem-amado Mestre Ascensionado Saint Germain, todos são reverenciados pelo mesmo Deus/Deusa, O TODO QUE É, E TUDO QUE EXISTE!!!

Deixo aqui meu profundo respeito e agradecimento a cada uma das pessoas que fez e faz parte de minha vida e do enorme jardim que compomos.

Todas as flores, frutos e sementes estão aí... inclusive meus filhos Myicahel Angelo Augusto e Gabriel Luiz Augusto.

A todos que retomaram seus caminhos, depois de grandes quedas, meu reconhecimento à sua força de vontade, caráter, retomada dos princípios e coragem nas escolhas valorosas.

Que as bênçãos sejam multiplicadas a todos no mais Poderoso Nome de Deus/Deusa EU SOU O EU SOU!

Doriana Tamburini
dorianacentral@gmail.com

Sumário

Prefácio 9

Introdução 17

1. Bem-Vindo ao Suave, Poderoso e Mágico Caminho do Coração 21

2. Chacras 27

3. Enfrentando as Dificuldades 43

4. Reverência do Masculino e do Feminino 49

5. A Antiga Lei de Ísis 53

6. Caminhando sobre Águas Turbulentas 59

7. Apelos 65

8. Elohins 71

9. Fraternidade Branca Universal dos Planetas 87

10. Os Raios Solares e Cósmicos 91

11. Entrega do Disco Solar à Humanidade 95

12. Atualização dos 12 Raios 99

13. Invocação aos Chohans dos 12 Raios 107

14. Poderosa Invocação dos Arcanjos dos 12 Raios 109

15. Poderosa Invocação dos Elohins e Elohas dos 12 Raios 113

16. O Poder de Decretar 115

17. Decretos, Visualizações e Afirmações 119

Conclusão 137

Bibliografia 139

Prefácio

Era de Aquário – a Era da Liberdade

Um novo dia começa, a claridade aumenta, espalhando sua luminosidade no horizonte. Os primeiros raios do sol derramam-se sobre a Terra, penetrando e preenchendo lentamente com a luz solar a paisagem antes sombria.

É assim, queridos amigos, que se inicia um novo dia na Terra, e também é assim que começa a despontar a aurora da Nova Era – a Era da Liberdade –, que projeta seus raios nas trevas da ignorância e, vagarosamente, transpassa toda a vida com a vibração da sabedoria do signo de Aquário.

Vemos, mais do que outrora, a reação de contrariedade das forças tenebrosas quando sua turba é molestada. Assim como o Sol da manhã afasta as sombras, apesar de as nuvens escuras muitas vezes encobrirem seus raios, também a Luz da Nova Era desponta, e nada pode detê-la. A escuridão desaparece quando a radiação da Luz se torna mais potente.

Nada pode alterar o vencimento do prazo determinado pela Justiça Cósmica; as trevas não têm poder perante a Grande Lei Universal.

Portanto, vós, discípulos, mantende firme esta convicção em vossa consciência, porque sabeis perfeitamente que os pensamentos positivos são mais fortes. São eles que apressarão o desenrolar dos novos acontecimentos – prenúncios da Nova Era.

Construímos o futuro sempre presente, com o auxílio de vossa ativa e mútua cooperação. Dirigi as forças irradiantes em todas as situações pessoais e mundiais para que o processo de purificação espiritual, ou mesmo acontecimentos terrenos, esclareçam-se mais rapidamente e sejam encaminhados à Ordem Divina.

Muito pode ser feito dentro desta orientação. E, se isso se der, cada discípulo da Luz será um ancoradouro para as Forças Cósmicas. Crede na aurora do novo dia que, aliás, já é bem visível na linha do horizonte planetário.

Amados discípulos, agradeço vosso "serviço prestado" em favor do bem na Terra, assim como no Céu.

EU SOU vosso irmão e protetor na Luz.

Saint Germain, Jornal Consciência Uma
(n. 2, abr.-jun. 1993)

O Fogo Violeta

O Fogo Violeta é uma corrente de energia capacitada e adequada para captar e dissolver energias imperfeitas, de modo que elas possam novamente serem "carregadas" com a perfeição.

Esta Chama é uma contínua força operante de amor, misericórdia e compaixão, que afasta causas criadas pelos humanos, cuja expansão traria as piores desgraças. Quando a humanidade chegar a esta compreensão e, conscientemente fizer uso do Fogo Violeta, ela não mais terá que sofrer, sempre e sempre, pelas causas passadas que geram infortúnios.

Até pouco tempo atrás, esse Fogo Sagrado só era conhecido nos Santuários, nos Templos Etéricos de Luz dos Mestres Ascensionados.

Como o tempo é curto e determinadas coisas deverão ser concluídas, esses conhecimentos foram trazidos ao mundo externo, onde todos poderão adquirir, usar e viver a liberdade.

No ano de 1954, a Era da Liberdade começou para a Terra! Estamos atravessando, agora, uma época bastante especial na história de nosso Planeta, onde deve reinar, eternamente, a Liberdade. A energia que envolve a humanidade e a atmosfera – que está carregada com impurezas, discórdias e maldade – será transformada pelo Fogo Violeta.

Quando atingir esse objetivo, o homem será novamente livre e poderá receber instruções diretamente de sua Presença Divina e das Ascensionadas Legiões de Luz.

Portanto, todos receberão a liberdade, não somente os humanos, mas também o reino dos elementais, as criaturas quadrúpedes e tudo o que vive. Todos passarão a existir como era no princípio a vontade de Deus/Deusa, ou seja, em amor, paz, harmonia e liberdade.

O Grande Mestre Ascensionado Saint Germain é o ser que dirige os dois mil anos já iniciados da Era da Liberdade.

Sua gigantesca missão é libertar todos os viventes, como também a Terra, e isso será realizado por meio do Fogo Violeta.

Separadamente e em grupos, os homens apelam, desejando dissolver toda criação inferior que obscurece a luz dos homens.

Ao apelardes pela vossa Presença Divina EU SOU e ao Mestre Ascensionado Saint Germain para chamejar o Fogo Violeta por meio de vós, o Mestre começará a afastar todas as criações negativas em vossos corpos, etérico e físico, e também de seus sentimentos e pensamentos; ireis constatar uma acentuada leveza e expansão em vossos sentimentos, uma notável clareza em vossos sentidos e mudanças em vosso corpo.

Alguns discípulos veem essa Chama Violeta quando apelam por auxílio em seus círculos de vida; outros a sentem. Mesmo que vós não a vejais, ela está operando. Parece ser invisível, mas...

Chegamos a ver as coisas mais importantes da vida? Não são invisíveis aos nossos olhos a eletricidade, o amor, o ódio e a paz? No entanto, são bem reais e podemos, em qualquer caso, ver os seus efeitos.

O uso diário da vivente Chama Violeta pode afastar muito do que está acontecendo em vosso mundo. Mas talvez deva ser esclarecido que, quando empregais sinceramente o Fogo Violeta e "acontecerem" pequenos efeitos – isso não quer dizer que a Chama não faça a obra completa. Significa que as vossas criações humanas vêm à luz antes que as tenham dissolvido!

Em certa ocasião alguém disse: "Assemelha-se a uma 'escada rolante' trazendo ao mundo atual a ação das forças do passado."

Vosso trabalho é usar, suficientemente, a Chama Violeta, para que tais forças permaneçam inertes ou sejam dissolvidas antes que possam agir. Quando a Chama age, é como se explodisse uma porção de vossas criações humanas, e então ficais livres de determinadas qualidades inferiores.

Procurai agir sempre com crescente entusiasmo, para dissolver-se rapidamente, tão depressa quando possível, o que se apresenta na superfície de vossa vida diária.

Jornal Consciência Uma
(n. 1 jan.- mar. 1993)

Autorização para divulgação

Ao contrário do que se vem dizendo a respeito de o Mestre Saint Germain ter proibido a divulgação de seus ensinamentos, é com prazer que remetemos aos discípulos a seguinte mensagem:

> Apreciaria profundamente qualquer contribuição que os discípulos sob esta irradiação possam dar para que os livros sejam publicados e postos à disposição da humanidade, já que este é o maior serviço que se pode oferecer neste momento.

Palavras de Saint Germain

Desejo que te recolhas durante uns minutos e converses com tua Presença EU SOU, dizendo algo assim:

Grande Presença Mestra que EU SOU, te amo, te adoro, volto-me a ti, plenitude de todo poder criativo, todo amor, toda sabedoria, e por meio deste poder que És, te dou todo poder para que faças visível em minhas mãos e uses a realização de cada desejo meu para teu Divino uso.

Já não pretendo ter nenhum poder, porque exijo a ti, a Única Presença Conquistadora de tudo, em meu lar, minha vida, meu mundo de experiência.

Reconheço tua completa presença e teu domínio sobre todas as coisas e, enquanto minha consciência se fixa numa realização, tua presença invencível e tua inteligência assumirão o comando, trazendo a manifestação que necessito à minha experiência rapidamente – até com a velocidade do pensamento.

Eu sei que tu és chefe de tempo, lugar e espaço, portanto, necessitas somente do "agora" para atrair à atividade visível toda a tua perfeição. Eu me mantenho absolutamente firme na completa aceitação deste agora e sempre, e não permitirei que minha mente se afaste dele, porque, ao fim, sei que somos "Unos"!

Amado discípulo, poderás juntar a isso qualquer coisa de que necessites, e te asseguro que, se podes viver nisso, eu me esforçarei em ajudar-te e experimentarás a abertura das comportas da Fartura Divina.

O mais desejável e importante que qualquer indivíduo pode fazer é fixar sua mente na única necessidade permanente e seguir adiante, até chegar a profundidade e a firmeza desta Poderosa Presença EU SOU e, uma vez ali, todo o amor, a luz, o bem e as riquezas fluirão em sua vida na experiência de um poder interno de produção que nada pode impedir.

Este é o objetivo do treinamento verdadeiro, a razão pela qual os discípulos são atraídos aos retiros à medida que estão suficientemente adiantados, porque, como eu disse anteriormente, é relativamente fácil resolver os problemas que surgem, mas eu te pergunto:

Que bem pode resultar em continuar resolvendo os problemas, a menos que tenhas algo, em algum lugar, em que possas te ancorar e que te eleve acima da consideração de qualquer problema?

Encontrar tua Presença EU SOU e ancorar-te nela é a única coisa desejável a se fazer.

Claro que até chegares a este ponto de ancoragem, firme na tua Grande Presença EU SOU, é necessário resolveres teus problemas à medida que eles cheguem, porém, é muito melhor entrar e liberar esses poderes com a Presença, sua energia e ação que resolve os problemas, antes mesmo que eles te alcancem.

Não é mais aceitável que, ao despertares a cada manhã, encares esses problemas de frente, fitando-te no rosto, como se fossem realmente algo importante? Contudo, concordas comigo que alguns deles, ao menos para os sentidos externos, no momento, são de tremenda importância.

Com tua gloriosa obediência ao Princípio Divino dos Seres Criados, encaminhamo-nos envergando nossa armadura da proteção invencível, até que a intensidade da mesma Luz, na Luz na qual entrarás, torne desnecessária a armadura.

Isso não vale todo o esforço necessário para que te movas para sempre nesta gloriosa liberdade? Então, ao despertares pela manhã, já não encontrarás esses visitantes.

Enquanto pronunciava estas palavras, te mantive no foco de minha visão, sem teu conhecimento, para que, quando as ouvires, sintas a convicção interna destas, com um poder que te agradará.

Cada vez que maus pensamentos ou de crítica tentem entrar em tua consciência, fecha a porta rapidamente e ordena que se vão para sempre.

Não lhes dê chance de ganharem terreno, recordando sempre que tens a força e o poder sustentador da Poderosa Presença EU SOU para fazer isso.

Livro Alquímico de Saint Germain
(p. 135-136)

Introdução

*Ninguém consegue se encontrar
enquanto não tiver aprendido a se perder.*

Glenn Clark

Uma vida triunfante é aquela que transforma a expressão criativa que um ser humano dá ao mundo em algo muito maior e valioso que aquilo que ele imaginou criar a partir de si mesmo e da criação de outros.

A maior ambição de cada um deveria ser: "manifestar um ser humano assim".

Com esse desejo no coração dos homens, não haveria mais a cobiça ou um desequilíbrio egoísta, nem a exploração de uns pelos outros, ódios, guerras ou receio delas.

A impregnação desse desejo no pensamento da Nova Era poderá criar uma raça de homens que marcará o próximo estágio da jornada que começou na selva, em seus primórdios, e se dirige para uma total consciência da Luz de Deus/Deusa, que espera por toda a humanidade no topo da montanha, ao final da sua jornada.

Neste livro, há uma intenção real de sugerir caminhos de várias linhas de pensamentos dos mesmos eternos assuntos. Assuntos esses que saem e voltam ao centro de tudo, como sempre, quando buscamos com o coração.

Desejo ofertá-lo para aqueles que, ao longo do caminho, ajudaram-me a compilá-lo e a levá-lo a tantas pessoas, em especial a Carlos Waco, por sua digitação e presença.

Ganhei minha força inicial e inspiradora em obras como *Fausto* (Goethe); nas obras de Joseph Murphy, Lobsang Rampa, Alice Bailey, Annie Besant, Leadbeater, John Long Freedom, Cris Griscom, Bárbara Hand Clow, Marisa Varella; em comunidades como a Ponte Para a Liberdade, Summit Lighthouse, Grupo Avatar Global e em apostilas maravilhosas, como as de Ricardo Maffia. Além de muitas outras pessoas que me inspiraram, como Rodrigo Romo, que aceitou a difícil tarefa de introduzir algo tão diferente como o sistema Reiki Relâmpago, numa nova roupagem que, definitivamente, é para aqueles que escolheram seu Caminho Real.

Mas, uma das "cantadas" espirituais mais engraçadas que já levei, veio de uma senhora simpática, a quem eu já havia dado as costas algumas vezes por não ter entendido quem ela era na minha canalização e nem o que queria: estou falando de nossa querida amiga Elena Blavatsky.

Tudo que Elena queria era que eu lesse sua obra. Tentei, não consegui, muito complicado, "fala direito comigo", disse-lhe.

Ela queria que eu publicasse livros, mas não me interessei na época. No decorrer da jornada dei muitos cursos, Elena, então, sugeriu-me uma linguagem coloquial. Topei, mantendo os Decretos, Apelos e Comandos no mesmo tom original.

Daí por diante foi um reinício. Este é o primeiro de uma sequência de muitos, espero. Neste volume retratarei como tudo começou comigo, nos próximos que pretendo publicar, a continuidade.

Existem alguns trechos, em especial os de Katrina Raphaell (*Transmissões Cristalinas*) e os de Ken Carey (*O Retorno das Tribos-Pássaros*) citados integralmente, a fim de estimular o leitor a tê-los e consultá-los propositalmente. Não me levem a mal, apenas segui minha intuição e procurei fazer um marketing espiritual. Compilei o que minha visão me salientou para uma deliciosa passagem com muita força espiritual e alegria. Escrevi este texto em 1992, segundo Saint Germain, para transmutarmos os 49% de energia mal qualificada do Planeta.

Quantas águas rolaram desde então. Em abril de 2014, juntos, eu e a Editora Alfabeto, lançamos O *Tarot da Fraternidade Branca*, que considero um marco na área e traz os Seres de Luz Regentes de todos os 12 Raios desenhados em Lâminas, numa leitura diferente que vai complementar o trabalho que aqui apresentamos. Teremos surpresas, mas, por enquanto, aproveitem para trabalhar e aprender, pois os novos tempos realmente chegaram e estamos todos convidados a participar ativamente!

Espero que apreciem...

Bênçãos a todos!

Doriana

1

Bem-Vindo ao Suave, Poderoso e Mágico Caminho do Coração

Você, que já experimentou seu poder mental, sua força interior, sua consciência divina, sua intuição real e acredita na verdade suprema, tem agora a chave para expandir esse benefício a seu redor até atingir a humanidade como um todo em um só Corpo de Luz, porque a verdadeira prosperidade é a extensão que cada um é do outro. Sozinhos somos pobres. Miseravelmente pobres.

Sua maior riqueza começa em colaboração, integração, cooperação e verdadeira compreensão da dor, da alegria, da fraqueza e da virtude que experimentamos nesta maravilhosa viagem de descobertas, neste intrigante laboratório experimental que é o Planeta Terra.

Por que você quer aprender tudo de uma vez? Se já chegou até aqui, não se considera um privilegiado por isso?

Então, tenha calma, paz e consciência! Estamos todos no mesmo barco. Vamos fazer um esforço menor e ter uma visão maior. Isso nos fortalece e nos une.

A vibração mais bonita, mais elevada para com o amor é a alegria. Então, alegre-se, parabenize-se, olhe para trás, veja seus erros, seus tropeços, suas derrapadas e as cicatrizes de suas marcas mais profundas e orgulhe-se! Estas são as pegadas do seu caminho!

Abençoe-as e a tudo que passou. Agradeça à Presença Divina pela oportunidade de ter aprendido por tantas e dolorosas experiências.

Repito. São as "pedras" encontradas pelo caminho que nos ajudam a modelar nosso caráter. Portanto, alegre-se. Você já chegou a um momento feliz de sua vida. Considere-se uma pessoa afortunada.

Agora, prepare-se, um caminho que não é nada novo se apresentará para você. Um caminho até mesmo bem conhecido, mas provavelmente esquecido.

Alegre-se, você já está no caminho! Sempre esteve. Só o esqueceu e isso lhe deu a sensação de estar longe e separado. Mas, acredite, não é verdade.

O caminho sempre esteve aqui, presente no seu coração; é o caminho de volta para casa! Reconhecendo este momento, desapegue-se totalmente do seu passado. Não o esqueça, mas largue-o. Entre sem bagagens neste novo momento para que novos elementos possam entrar em sua vida.

Perdoe-se por tudo e não guarde ressentimentos contra quaisquer coisas, situações ou pessoas. Lembre-se de que todos temos problemas e não vibramos somente na sintonia pessoal. Desta maneira, libertamo-nos e libertamos os outros.

Sinta-se confortável e extremamente protegido pela sua Divindade. Deus Pai/Mãe só se reconhece dentro de você, do amor emanado a Ele. Fazendo isto, é como se um canal de comunicação – tipo rádio ou telefone – se abrisse fazendo contato.

Pela força do seu chamado, seu Deus/Deusa sempre responderá. Caso sinta a linha ocupada e obstruída, insista, não desista, a Luz Violeta nos foi oferecida para ser usada para limpar esta energia que impede a ligação. Ela abre o caminho do Cordão de Prata, proporcionando finalmente uma linha livre para que tua Presença Divina possa celebrar esta comunhão de comunicação.

Sinta felicidade. Você está bem-iluminado, agraciado, em contato com o seu lado Divino, que é o que o mantém vivo, inteligente, cooperador da Lei Divina e cocriador do Universo. Você é Cósmico e Divino.

Parabéns!

É isso que Deus Pai/Mãe tem a lhe dizer em primeiro lugar. Com todo o sacrifício, com todas as tentativas de acertar, com tantas dúvidas e questões a lhe sondar a consciência, você venceu. E quem vence merece um prêmio.

E o prêmio que lhe é oferecido neste instante pela Divindade, é uma Taça Iluminada. A taça do seu coração, da sua consciência. A taça da própria vida, luz, amor universal que é você, e que neste instante é preenchida por esses mesmos atributos das Fontes Cósmicas Universais.

Somos expressões Divinas atuando aqui na Terra. Seja sua verdade interior e universal por inteiro. Seja luz, seja amor.

Seja a vontade de Deus, materializando-se todo o dia aqui na Terra. Dez bilhões de almas encarnadas iluminando-se tornam a Terra uma Estrela Sagrada da Liberdade e vale tudo o que você já passou sozinho e como um todo da humanidade.

Mais uma vez, parabéns! Mais um ciclo se abriu. Agora vá, cumpra o seu destino.

Somos predestinados a ser grande em essência, iluminado em consciência e amado pela vida. Receba tudo isso, porque você está se tornando Deus/Deusa em Potencial.

Aliado a isso, disponha-se a se aventurar, entregue-se alegremente ao seu fio de vida e teça a melhor das histórias.

A sua!

Abra-se aos braços da oportunidade que lhe engrandece o espírito e ofereça-se à dádiva de atingir simplesmente o infinito.

Inspire-se na melhor cavalgada das melodias estelares e alce o voo da liberdade amorosa que lhe é outorgada. Existe caminhada mais doce, mais tentadora e mais sutil do que essa? Então, se quiser, venha!

Este é realmente só o ensaio de um recomeço. São os primeiros passos da Nova Alvorada. Uma Alvorada de sucessos interiores, em que os mais importantes valores são os contatos com a sua Divindade e com a Divindade de todas as pessoas.

Tente comungar com alguém agora por meio da Divindade. Estabeleça uma forma amorosa de comunicação e deixe-se guiar pela percepção e pela intuição.

Relaxe.

O princípio é o mesmo, o trabalho de se conectar com a sua Presença. Saúde-a, respeite-a, reverencie-a, aceite-a e diga-lhe o quanto deseja contatá-la.

A mais difícil das criaturas lhe responderá em questão de segundos a esse "religare" feito com amor e sinceridade, seja por meio de um olhar, seja por um sinal espiritual, perto ou a distância.

Habitue-se a isso. Somos todos iguais neste aspecto Divino, sem exceções. Busquemos essa vibração, consciência e sintonia no outro e cultivemos este novo hábito. Incorporando este exercício à nossa vida diária, influiremos positivamente, Divinamente no nosso meio ambiente, transformando, assim, definitivamente as relações pessoais no Planeta Terra.

Aja como um Deus ou como uma Deusa.
Celebre como Deus/Deusa.
Manifeste-se como Deus/Deusa.

Habitue-se a cultivar a Divindade em todos, em toda a humanidade, em toda a natureza, em todas as partes das galáxias, dos sóis e dos universos. E lembre-se: você veio para ser feliz. Presente e eternamente feliz. Então, seja-o.

Ame todo o Princípio Divino dentro de você, que está simultaneamente presente em todas as pessoas. É o melhor e o maior trabalho de autoestima que se pode ter, além de ter o Deus e a Deusa, que são um só em essência e agora em consciência. Eleve com essa energia sua vibração, poderosamente, e tudo mais lhe será acrescentado!

Agora e para sempre, alimentai-vos da Chama Trina – Poder, Luz e Amor Divino – para contínua nutrição de sua alma, o Cristo!

Bem-vindo ao Reino da Divindade, bem-amado humano!
Bem-vindo ao Reino da Energia, Vibração e Consciência!
Agora seja simplesmente o EU SOU!
Bem-vindo ao Reino da Alegria, Unidade e Harmonia.
Esta é a sua casa, seu lar e seu trabalho.
Feliz é o convidado para a refeição de um Novo Dia.
Bem-vindo a Mim, Eu Que Sou Em Ti!
Para ti com meu respeito, devoção,
Amor e dedicação persistente e constante.

Eu Sou o Eu Sou!

2

Chacras

Chacras são centros, vórtices de energias, que ligam os nossos corpos uns aos outros. Eles se situam nos nossos campos sutis e canalizam informação espiritual e força vital; são por esses canais de energia que recebemos essa potência de Luz. Todos os corpos têm os chacras e todos se interligam.

São muito os canais de energia que compõe nosso organismo e trabalham incessantemente para manutenção do nosso corpo. Os três primeiros chacras da lista a seguir são dos corpos sutis da 4ª dimensão, que estão começando a se manifestar na 3ª dimensão. Os demais são os mais comumente citados, sendo 7 os principais e mais utilizados.

Portão Estelar

Situado a 30 cm acima da nossa cabeça, sua função é colocar-se em conexão com o Cosmos, de forma que sintamos as vibrações que vêm do espaço.

Estrela da Alma

Fica uns 15 cm acima da nossa cabeça e nos faz entrar em contato com Cristo, que é a nossa alma. Neste chacra, a mensagem que vem do espaço é traduzida para a alma, adaptando-se à nossa linguagem pessoal, de forma que possamos compreender os inúmeros símbolos que nos chegam, muitos dos quais incompreensíveis. É por meio deste chacra que toda a linguagem simbólica passa a ser aceita pelos nossos códigos – verbal e visual –, transformando-se na linguagem do Cristo, quando, então, podem sintonizá-lo e ativá-lo.

Chacra Causal

Está situado atrás da cabeça. Além de entrar em contato com o corpo, ele mexe com o nosso trabalho de unidade. Isso significa que podemos sentir a unidade do Cosmos com a matéria que nos chega por esse chacra.

É o caso da confusão do caos. Por exemplo: se soubermos ter consciência do nosso Chacra Causal teremos mais paz para pensar nas coisas. Ele nos dá a capacidade de coordenar, organizar, sem se envolver com o caos do momento ou de uma determinada situação.

O Chacra Causal lança informações para o nosso corpo físico e assim vai nos alimentando.

Coroa ou Coronário

Localiza-se no alto da cabeça, é a entrada para o corpo físico e relaciona-se com a glândula pineal. Até um tempo atrás ele fazia o trabalho sozinho: canalizava todas as energias da 4ª dimensão e de outras.

Frontal ou Terceiro Olho

Mental = pensamento: cria-se a forma mental do que se pretende, envolvendo-a em dourado e verde, dentro da forma geométrica, que pode ser oval, quadrada, estrelada... como achar melhor.

Situa-se entre as sobrancelhas, relaciona-se com a glândula pituitária ou hipófise e suas cores são o dourado, da atenção, e o verde, da concentração.

Coordenador

Localiza-se na nuca, abaixo do Chacra Causal e o seu Raio é o branco, da pureza e da esperança. Relaciona-se com o hipotálamo, sua função é fazer com que nosso Plexo Solar tenha uma atividade menor, pois está ligado ao astral inferior.

Ou seja, diminuído o astral inferior e aumentando o superior, poderemos parar de atuar com o plexo e começar a fazê-lo com a cabeça, num plano superior. É uma maneira de sutilizar o corpo físico, diminuindo suas necessidades e aumentando as superiores. É nesse processo que podemos nos conectar com nossas asas.

Laríngeo

Verbal = palavra: disparamos o verbo para iniciar o processo de materialização. É falando, verbalizando, que materializamos tudo, que trazemos o invisível através da garganta. Diante disso, podemos entender a necessidade dos apelos e dos decretos aos Mestres, pois é nesse processo que se envolve a cabeça, o coração e a garganta, e que vamos ativando as energias para que elas possam atuar na Terra.

Localizado na laringe, é responsável pela conexão entre a palavra e o pensamento. Atualmente, todos os tons de azul – do água-marinha ao turquesa-índigo – são utilizados para meditações sobre esse chacra, mas existem outras cores com as quais podemos trabalhar o Chacra Laríngeo; vejamos:

ÍNDIGO: trabalha com a cura espacial, com a energia de Sírius (podemos usar também o azul com prata).

DOURADO: desperta a atenção.

VERDE: contribui com a cura, a consagração e a dedicação.

VERDE E DOURADO: são as cores da precipitação mental, usadas quando se quer criar alguma coisa. Trabalhamos essa energia no plano mental; porém, se não conseguirmos o nosso intento, devemos transferi-la para o Chacra Cardíaco, onde colocaremos toda a nossa atenção naquilo que queremos materializar com o fermento do "sentimento maior".

Em uma meditação podemos fazer bolas douradas e verdes ou então construir pirâmides, visualizando estrelas douradas na cabeça. Nada mais oportuno do que abordar o processo de criação, seguindo-se à colocação do Chacra Laríngeo, pois é por meio da palavra, emitida pela laringe, que a criação se materializa.

Cardíaco

Coração = sentimento: é pelo Chacra Cardíaco, que se relaciona com o timo (Íntimo Cristo), que colocamos a devida atenção na forma mental estruturada no passo anterior. Trazemos aquela forma envolta em dourado e verde para dentro e junto do coração, onde se encontra a Chama Trina, com o azul, o dourado e o rosa.

Plexo Solar

Todos os tipos de problemas emocionais podem ser tratados equilibrando-se esse plexo. É por ele que todos os nutrientes são estimulados e as emoções reintegradas, além de promover um maior desenvolvimento da sensitividade e da intuição.

Os corpos, astral e etérico, são ligados por esse chacra. Sua cor predominante é o amarelo ou o laranja e, uma vez que recebe muita energia do meio ambiente, ele pode se sobrecarregar e acarretar distúrbios emocionais.

Por meio das cores amarelo e branco, podemos fazer a abertura desse chacra, e com o marrom podemos fechá-lo.

Se funcionar bem, o Plexo Solar será brilhante e cheio de vitalidade; por esse motivo, protegê-lo é muito importante.

Exercício 1
Proteção do Plexo Solar

Faça uma grossa cruz branca da Eloha Astréa, que trabalha com todos os Seres desencarnados e elementais, retirando, com sua espada, qualquer coisa que esteja ligada ao astral inferior.

Essa cruz pode ser feita mentalmente, mas também podemos imaginar outro Ser de Luz, com a sua espada, colocando uma cruz em nosso Plexo Solar, selando-o bem rápido, por três vezes.

Imagine em seguida o branco em todos os seus tons: opalino brilhante, etc. Permita que essa cor entre por meio do Chacra Coordenador, atrás da nuca, como na respiração. Deixe que o branco envolva toda a cabeça, pois precisamos que ele nos lubrifique o hipotálamo, purificando-o.

Também podemos proteger o Plexo Solar traçando sobre ele uma cruz azul, a do Arcanjo Miguel. (As portas e as janelas de nossa casa podem ser protegidas traçando-se uma cruz azul e branca em cada uma. Isso pode ser feito mentalmente ou com incenso).

Sugestão: faça exercícios internos que vão ao coração.

Chacra Sexual

O Chacra Sexual situa-se a um palmo abaixo do umbigo, desenvolvendo nossa energia sexual e nossa criatividade. É ligado também à produção de adrenalina e ao amor do homem pela Terra e pela Natureza. Tudo o que criamos em nossa mente, ativa-se para manifestação por meio desse centro de energia. Fisicamente rege os órgãos sexuais.

Sua cor é o laranja e a pedra cornalina é ótima reguladora. Ao visualizar a luz laranja entrando em seu corpo por meio desse chacra, faça com que ela se espalhe em círculos concêntricos por toda a região abdominal.

Chacra Básico

O Chacra Básico fica situado na direção da base da coluna, bem acima dos órgãos de reprodução, e se relaciona com a parte inferior do corpo, os pés, a ancoragem e os instintos físicos. É por meio dele que plantamos nossos pés no chão e nos relacionamos com o mundo físico; sua cor é o vermelho.

As pedras vermelhas, como a granada, relacionam-se diretamente com o sangue e a circulação. As pretas, como a turmalina-preta, são pedras de proteção contra a negatividade.

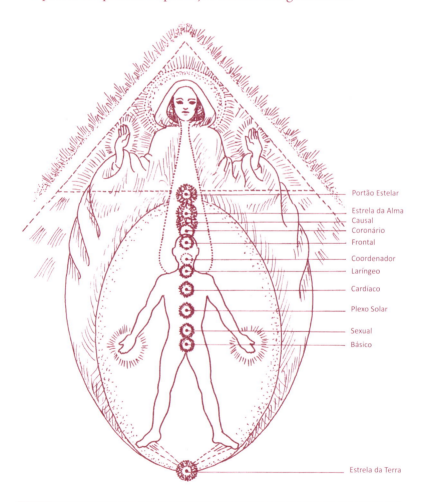

Chacra Estrela da Terra

A Estrela da Terra está localizada aproximadamente quinze centímetros abaixo da sola dos pés. Entre o Chacra Causal e a Estrela da Terra ficam os demais oito chacras principais.

Correspondem, nesse ponto, centros de energia presentes na sola dos pés. Os dois chacras da planta dos pés e a Estrela da Terra formam um triângulo com a ponta virada para baixo, que canaliza a Essência Divina não só por meio do corpo físico, mas também para as próprias raízes do relacionamento de um ser humano de luz com a Terra. A recriação da matéria depende desses raios estelares, que se infiltram na própria substância que compõe a Terra.

Ao ativar a Estrela da Terra, a própria natureza da materialidade se torna sintonizada e afinada com a força produtora de vida da própria criação. Quando as pessoas puderem andar nesta Terra e vibrar essa frequência, as transmissões cristalinas se tornarão uma realidade, a prova viva do perfeito autocontrole. Quando está plenamente ativada e sintonizada com os três chacras transpessoais superiores, a Estrela da Terra tece os cordões brancos dourados do Divino Impessoal no e através do reino do que é humanamente pessoal, criando um novo modelo de existência mundana. Esse é o papel que todos podemos representar, contribuindo para a espiritualização do nosso Planeta.

O plano físico é regido pelas leis da polaridade, a Estrela da Terra, o ponto de polaridade vital pelo qual a consciência divina do Portão Estelar, da Estrela da Alma e do Chacra Causal atinge plena expressão. Na ativação consciente dos três chacras superiores é necessário, simultaneamente, despertar a Estrela da Terra. Na verdade, só é possível estimular esse chacra com os raios cósmicos que emanam dos chacras transpessoais. Da mesma forma, a consciência associada com os centros superiores de energia anseia por encontrar a plenitude última na colheita das sementes anímicas enraizadas nos elementos da matéria. O equilíbrio e a harmonia criados entre os chacras transpessoais acima do alto da cabeça e a Estrela da Terra, sob a sola dos pés, estabilizam a polaridade adequada por meio da qual a presença sagrada da força eterna pode se elevar e renovar a Terra.

Práticas específicas como as Meditações do Sol, bem como a sintonia e o trabalho com a hematita, podem ser extremamente úteis para o fortalecimento do ser humano de luz na preparação para a estimulação máxima do Chacra da Estrela da Terra.

Exercício 2
Iniciação do Caminho Sagrado do Coração

Sinta-se envolvido por uma linda luz branca que desce de sua amada Presença Divina EU SOU. Imagine-se brilhante, grande e completamente amado por Deus/Deusa e sendo parte da Criação. Em cima de sua cabeça, um lindo Sol dourado manifesta-se, e você, sentindo-se pequenino, entra no Sol e se autoilumina.

Um maravilhoso Cordão de Prata desce do Sol até sua entrada no Chacra Coronário da cabeça. Sua Coroa se abre e você, pequenino, desce pelo Cordão de Prata, como se estivesse num lindo elevador panorâmico, vendo a si mesmo iluminando e abençoando o seu interior.

Desça iluminando seu Chacra Frontal do 3º olho, a 3ª visão, e suas glândulas Pineal, Tálamo, Hipotálamo, Pituitária, além de seu bulbo, seu cerebelo e sua nuca, onde se encontra seu Chacra Coordenador.

Toda caixa craniana recebe um alento dourado solar reconfortando a mente e o corpo mental, para que possa se tornar um veículo adequado ao corpo mental superior do Eu Superior e da Grande Presença Divina.

Ao continuar a descida, ilumina-se o Chacra da Laringe com as Glândulas Tiroide e Paratireoide, para que sua voz seja sempre "bem-dita" e ouvida pelo Universo.

E o que você disser, o Universo reproduzirá...

Continuando sua jornada de autoiluminação, chega-se à Glândula Timo e ao Chacra Cardíaco, e é aqui que começa uma linda aventura! Imagine que ambos são preenchidos de um tom água-marinha e iluminam! Visualize um lindo coração vermelho no centro do peito, pulsando de vida e energia vibrante.

Imagine-se descendo e colocando os pés bem firmes na plataforma no centro do seu Chacra Cardíaco. Seu chão deverá ser sempre brilhante, claro, límpido, transparente, limpo, sólido e confortável.

Olhando ao redor de seu coração, todas as cores poderão se manifestar. Se estiver molhado, seque-o; se estiver duro demais, cuide da inflexibilidade; se estiver mole demais, busque maior firmeza; se estiver escuro, ilumine-o. Ele é seu Espelho Interior. Você se lembra da rainha da Branca de Neve? "Espelho, espelho meu?"

Então, aí está sua oportunidade de corrigir qualquer coisa que quiser, e ninguém precisará fazer isso por você. Esta é a sua parte.

E quando estiver satisfeito com sua tarefa bem realizada, olhe para trás e veja sua linda Chama Trina azul, amarelo-ouro e rosa a brilhar nas costas do seu Eu grandioso.

Vá em direção a ela e mergulhe, abrace-a e sinta as forças da Santíssima Trindade.

Saiba que Jesus aprendeu este caminho com o Mestre Seraphis Bey e o ensinou aos seus discípulos. Eu o aprendi com minha Mestra Eliana, que aprendeu com o Rubbo, que aprendeu com seu Mestre... E, assim, caminhamos todos juntos, na mesma direção interior, guiados pelas mesmas forças amorosas, manifestando nossa jornada evolutiva e cumprindo nossa parte.

Do centro das chamas, manifesta-se a Chama Branca Cristalina, que brota como água e jorra luz líquida, nos tons verde, rubi, violeta, turquesa, dourado, pêssego, laranja e opalina furta-cor.

Banhe-se abundantemente, nutrindo-se de todas as forças à espera deste momento Sagrado!

Agradeça, agradeça, agradeça!
Esta sim é uma linda Iniciação!
Bem-vindo a esta nova etapa de autodescobertas.
Tenha uma linda viagem!

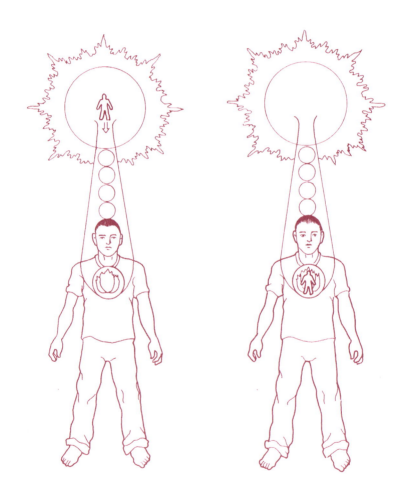

Exercício 3
Práticas de Autoiluminação

Imagine-se dentro de uma pirâmide azul e fique pequenininho. Visualize um grande Sol dourado acima da sua cabeça e descendo dele um grosso Cordão de Prata, desde o Sol, atravessando sua cabeça, coração, corpo, pernas enraizando-se abaixo dos seus pés, no Chacra Estrela da Terra.

Desça pelo Cordão de Prata, ilumine seus chacras Portão Estelar, Estrela da Alma, Causal, Coordenador, Coronário (Glândula Pineal – Violeta), Frontal (Glândula Hipófise ou Pituitária – dourado), Laríngeo (azul), a entrar suavemente no seu peito e colocar firmemente os pés no chão do seu coração (o chão deve ser firme e iluminado, brilhante e irradiante).

Olhe para suas costas e focalize a Poderosa Chama Trina, azul direita (lado esquerdo do corpo), rosa à esquerda (lado direito do corpo) e dourado no centro. Reverencie-a, pois é a maior ligação que temos com a Presença Divina Solar no campo da 3ª dimensão (Plano Físico).

Entre à direita da Chama Trina por um corredor estreito, visualize uma luz no seu fim e diga: "Eu Sou a Luz que me Guia."

Vá até essa luz e entre à direita; atravesse uma pequena sala, siga em frente até chegar numa sala muito maior. À direita está uma porta grande com raios de luz saindo dela. Sua porta poderá estar aberta ou fechada. Se estiver aberta, entre com amor e respeito, pois há muito tempo este ser lhe aguarda; caso esteja fechada, bata e ela se abrirá, como nos foi prometido. Para ambos os casos, o importante é o encontro com o seu Cristo Interno. Ele poderá se manifestar como uma figura humana, solar, de fogo ígneo, flor ou anjo, isso realmente não tem importância.

O que importa é que ele se apresentará de modo a se entenderem, pois tudo que ele aguarda é comungar livremente com você.

Artigo da Revista Halo

A seguinte citação veio de Walter Michele, *Post Credit Broadcast* – Ontario, Canadá. Este fato está arquivado na Oxford University – England

Eu preciso te contar sobre a descoberta de um médico. Ele radiografou o coração humano e encontrou uma luz dentro da quinta camada, em uma pequena célula. Ele radiografou a chama de luz 3.000 vezes e na chama ele viu um Ser Divino perfeitamente formado, que ele chamou de Seu Real Você.

EXERCÍCIO 4
Desfazendo o Carma por meio do "Novelo de Linha Cármica"

Imagine-se dentro da Pirâmide Azul. Ilumine-se desde o Chacra Portão Estelar até o Estrela da Terra. Fixe bem o Sol de sua Presença Divina acima da cabeça e desça o Manto de Luz até o chão. Pequenininho, suba até o Sol e ilumine-se.

Desça pelo Cordão de Prata, iluminando as glândulas Pineal e Pituitária e vá até o coração. Coloque os pés no chão do coração iluminado e firme, gostoso de se ficar.

Solte um átomo de luz de seu coração até um palmo de distância para fora, mas sempre dentro de seu manto e pirâmide.

Pegue um fio de linha cármica que se relacione com seus sentimentos de amargura ou qualquer outra lembrança de negatividade e enrole-o no átomo até compor um grande "novelo" de linha cármica.

Quando sentir que o novelo está bem grande e a visualização bem clara, suba numa grande fogueira violeta até ele e envolva-o com esta vibração, energia e consciência. Sinta o crepitar do fogo e transmute tudo até queimar toda a negatividade.

Decrete, apele, invoque o Mestre Saint Germain, o Arcanjo Ezequiel e os seres do sétimo raio para que lhe ajudem nesta transmutação.

Quando sentir que o novelo está limpo e transmutado, visualize-o totalmente branco, pleno de luz branca. Peça com firmeza aos Deuses pais Hélios e Vesta, Alfa e Ômega que enviem de si os 12 raios para preencherem este novelo e saturá-lo completamente dessas novas qualidades.

Feito isso, traga o "novelo de linha cármica" para dentro de si por meio do átomo que saiu de você pelo mesmo caminho.

Respire profundamente e agradeça aos Deuses pais solares pela oportunidade oferecida e descanse nos braços da Graça Divina, pois, sem dúvida alguma, é uma das mais belas formas de se transmutar algum carma.

Esse trabalho pode ser realizado com todos os seus chacras, até que sejam todos totalmente libertados.

O exercício é prático e pode ser usufruído por todos aqueles que desejam acelerar a requalificação de suas energias, vibração e consciência.

EXERCÍCIO 5
Om Mani Padme Hum (Deus Atuando no Indivíduo)
Alimentando sua Linhagem Humana Divina

Faça todo o caminho de autoiluminação. Entre no seu coração e na Chama Trina, busque o equilíbrio de seus corpos e chacras e expanda-os até alcançar um aumento de consciência por meio de sua respiração e atenção.

Expanda-se até o "tamanho" da sua Presença Divina e alcance a sua "altura" e, desta vida, olhe para sua vida inteira.

Abençoe a si mesmo e aos seus pais, sua família, seus parentes, seus amigos e seus inimigos – que são verdadeiros mestres para nós – e comece a ir além, passeando pelas suas vidas precedentes; veja-se caminhando para trás e por entres suas encarnações.

Siga abençoando-se e a todos que encontrar mais uma vez, até ir muito além.

Observe-se como encarnou pela primeira vez no Planeta Terra com muito carinho, pois foi seu pedido, desejo e vontade que lhe trouxeram para este mundo de experiências.

Ame-se muito e inunde de amor toda sua passagem pelo Planeta. Olhe-se como parte do Todo, abrigue-se no Colo Divino e pergunte-lhe o que deve fazer agora; com paciência, espere pela resposta. Se sentir vontade, vá até seus Deuses Pais Hélios e Vesta, Alfa e Ômega e renove seu compromisso com eles. Um dia você saiu deles, puro e inocente para vivenciar experiências no Planeta Terra, e um dia deverá voltar com sua tarefa cumprida. A exigência para essa volta é a conquista da sua Mestria; portanto, aproveite para ver o quanto ainda tem para trilhar e, cheio de sonhos, vontade, imaginação e querer mergulhe de volta para sua vida de agora. Observe-se lá de cima e projete o que quiser para o seu futuro.

Construa, planeje para que sua expectativa seja alcançada nesta vida e em vidas futuras. Parabenize-se ao conseguir o que é preciso: coragem para se reconhecer. Ninguém mais precisará lhe reconhecer se você se reconhecer.

Recomece a cada dia o princípio de sua nova vida.

Siga em frente e para cima eternamente.

Você nasceu como todos: para ser feliz.

Volte para a Terra e boa viagem!

A Chama Trina

Quando começamos um caminho interno, dizemos que nos encontramos, porque estávamos perdidos e buscando. Por maior que seja o prazer que temos em termos coisas ou alcançarmos posição social, *status* ou dinheiro, sempre vai haver um grande vazio que nunca sabemos de onde vem.

A falta de diálogo entre pais e filhos em muito prejudicou a humanidade. Imagine então o que a falta de contato entre você e seu Deus Pai/Mãe, Deus Filho e Deus Espírito Santo pode ocasionar.

Quando aprendemos o caminho da descida ao coração, estamos nos dando de volta a chance de nos curarmos de todas as carências que buscamos nos outros de realizarmos os nossos planos internos; de nos iluminarmos para a felicidade do nosso meio; de compreendermos e darmos as mãos com misericórdia àqueles que têm boa vontade, mas dificuldade de acompanhar a caminhada.

Se você consegue visualizar ou imaginar, ótimo. Se não, vá falando em voz alta ou faça este exercício com alguém:

EXERCÍCIO 6
Visualização com a Chama Trina

Coloque-se dentro de uma pirâmide azul e imagine um grande Sol dourado em cima de sua cabeça. O Manto de Luz da Presença Divina vai se fazendo presente, protegendo-o; você fica pequenininho (1,5 cm de altura) e se posiciona dentro do Sol. Nesta dimensão do Sol está o Portão Estelar. Energize-se, alimente-se e vá descendo pelo Cordão de Prata, passando pela Estrela da Alma, aumentando sua vibração de alegria. Afinal, você está indo para casa, de encontro a você mesmo e aos seus ideais.

Entre pelo Chacra Coronário, ilumine suas glândulas pineal e pituitária ou hipófise (Frontal) e toda sua cabeça. Acenda seu Chacra Causal e Coordenador.

Desça pela garganta iluminando sua tireoide e, mais abaixo, vá indo em direção ao seu coração, no centro do peito. É um momento de festividade, de amor e gratidão.

Vá descendo até encontrar um chão bem firme, iluminado, bem no meio do peito. Não se preocupe se estiver molinho, balançando ou aguado. Limpe tudo, deixe-o firme e iluminado. Coloque a luz que lhe deixar mais feliz no chão.

Vire de frente para as suas costas e vá em busca da sua Chama Trina na profundidade e, quando estiver a sua frente, reverencie-a. Experimente primeiro a luz rosa (Espírito Santo) do amor incondicional e banhe-se desse amor, encontre-se e a sensação de plenitude tomará conta de você. Depois vá até a luz dourada (Cristo) e equilibre-se; sobre todas as coisas, ilumine-se com amor e sabedoria. E, por fim, mergulhe na luz azul (Deus Pai/Mãe) da maior harmonia, paz, proteção, força, poder e vontade Divina. Respire profundamente, sentindo a espiral das três chamas trabalhando em seu corpo etérico, na sua vida pessoal, na sua transmutação (rosa e azul dão violeta) e na sua cooperação à vida.

Na grande mistura, um branco resplandecente irradiará e você e a luz serão um só.

O EU SOU se ancora dentro de nós, na Chama Trina do nosso coração, ele é nosso Anjo Solar, do qual somente nos separamos na hora da Ascensão.

A Chama Trina é o alimento do Cristo, as próprias forças do Espírito Santo em ação. Nessa ascensão nos tornamos o Cristo Real que é o parto do espírito no Plano Divino e Cósmico, a libertação da alma em relação à matéria.

$$\begin{array}{rcl} \text{Pai/Mãe} &=& \text{Cabeça} \\ \text{Filho} &=& \text{Coração} \\ \text{Espírito Santo} &=& \text{Garganta} \end{array}$$

Decreto da Chama Trina

EU SOU presente na Divina Chama Trina em nossos corações
Irradiando luz e amor sobre toda a humanidade.
Para que ela reconheça Deus e a Ele sirva
Deve haver PAZ sobre a Terra!
Deve haver AMOR sobre a Terra!
Deve haver LIBERDADE sobre a Terra!
Deus deve morar em todos os corações humanos!
EU SOU a Presença, agora e sempre, em todo ser!
EU SOU a luz, EU SOU a verdade, EU SOU o amor!

Adoração

Amada Presença Divina EU SOU em meu coração.
Eu vos amo e vos adoro!

Ó vós, Poderosa Chama em meu coração,
a vós envio constantemente meu amor e adoração.

E ao Grande Deus do Universo e Seus Mensageiros,
eu envio meu amor à vida presente em toda parte.

Eu abençoo toda a vida que já contatei em pensamento
e sentimento, no falar e na ação.

Não mais criticarei, não mais julgarei e nem amaldiçoarei.

EU SOU paciente e tolerante no pensar, sentir e falar,
para que surja em minha vida somente bênção Divina.

EU SOU o selo da Divina Chama Rosa do Amor!

EU SOU a Presença Consoladora para toda vida!

EU SOU, EU SOU, EU SOU.

A ressurreição e a vida de todas as Chamas Trinas em toda
humanidade, aqui e agora e no futuro imediato, alimentando
seus Cristos internos com o Cristo Cósmico!

Honrando os Chacras e as Forças Divinas em Nós

Amada e Poderosa Presença Divina Eu Sou e Ser de Fogo
Branco. Amados Eus Superior, Médio e Básico. Amado Anjo
de Guarda, Cristo Interno e Guardião Ancestral. Amado Ser
Regente Elemental!

Eu vos Amo, Honro e Agradeço por tamanho Desvelar e Forte
Proteção. Amados Corpos e Amados Chacras, sois meus Instrumentos e minhas Entradas, de sábia Energia e Força de Virada.

A cada Inspiração, uma nova oportunidade de trazer para minha
Vida uma Onda de Luz ao meu Divino Ser.

A cada Expiração, uma Limpeza Libertadora de traumas e históricos além do meu ver.

Eu peço, comando e decreto neste momento, que a cada Inspiração desça do Grande Sol Central a Energia Vital que me restabelece rapidamente a Saúde Integral.

Cada chacra físico e extra físico será beneficiado, aqui e agora, na Força do Amor Divino Universal, completamente atendido, aqui e agora.

Todas estas Energias que devem circular entre meus Corpos e chacras, também alcançam Meridianos e todas as Glândulas, imediatamente.

Há um Novo Tempo para este Despertar, e aqui já está!

Sejam Bem-vindos Campos Espiritual, Crístico, Solar e Cósmico, Circulando Livres as Forças do Cosmos nos nossos Instrumentos e Entradas, haveremos de Saúde Integral exalar e manifestar.

Que a Beleza e a Alegria deste momento Introduza as Forças em cada Molécula, Célula, Átomo e Elétron, respirando a Sagrada Liberdade em cada Sistema, Corpo e Conjunto Corpóreo de nossa Sagrada Moradia, em especial aos Nossos Pulmões, toda Benevolência e Consideração, pois não se cansam de Respirar e Emitir o Som Sagrado do Coração!!!

3

Enfrentando as Dificuldades

Todas as vezes que enfrentamos dificuldades e obstáculos, temos a tendência de achar que estamos em apuros, sozinhos ou abandonados pela sorte.

Raras vezes pensamos que estamos diante de desafios que nos impulsionam a uma elevação moral, de atitudes ou de evolução. Em apuros, sozinhos ou abandonados, sentimo-nos perdidos no tempo e no espaço.

O que será preciso fazer para que a confiança e a segurança nos sejam devolvidas? Em primeiro lugar, devemos lembrar de que se alguma prova se apresenta, é porque temos recursos internos que esperam ser utilizados no nosso dia a dia.

Quantas vezes ouvimos falar que na hora de um grande perigo encontramos forças, como no caso de uma mãe que retirou seu filhinho são e salvo debaixo de um carro, levantando-o sozinha (quiçá, com a ajuda dos anjos), sem problemas consequentes.

Em segundo lugar, acordar para a verdade maior: Deus/Deusa habitam dentro e fora de nós, além de seus Espíritos Divinos estarem em tudo e em contato direto com a verdadeira fonte original de todas as coisas.

Por que negar-nos esse suprimento Divino? É a matéria-prima do Universo que cria, que forma, que unifica e realiza tudo. Se existem mistérios, podemos revelá-los agora sem demora. É preciso acreditar, conhecer, entregar, confiar e receber.

São passos essenciais para nos movimentarmos e evoluirmos. O perigo encontra-se na estagnação e nas águas paradas que criam sujeiras e infecções; então, fluir com a vida traz benefícios e agentes amigos que contribuem conosco.

E, finalmente, quando pensamos em problemas, devemos imediatamente acionar nosso botão interno de soluções múltiplas. As chances que temos de modificar os caminhos são infinitas.

É só uma questão de foco, atenção e concentração, e em seguida, colocar o "fermento"; a energia intensa multiplicadora e potencializada, dinamizando as soluções.

Em vez de se preocupar excessivamente com os problemas, jogue-se com alegria, confiança e segurança no tema: "Graças a Deus/Deusa, tudo está sendo resolvido" e, assim que passarem os anjos, contribua com eles, acionando o seu *Amém*.

Conheça o real significado das palavras *acreditar, conhecer, entregar, confiar* e *receber*.

- ACREDITAR: se você está aqui é por um bom motivo, por uma missão que é só sua. Uma missão que as Divindades acreditam que só você pode realizar. Existe uma semente interna no seu coração que só a sua consciência pode acessar para ativá-la. Crer nessa possibilidade é o primeiro movimento em direção a sua verdadeira vinda a este Planeta, que o acolheu para que realize sua tarefa da melhor forma possível.

- CONHECER: é quando você começa a perceber o impulso, a intuição, as dicas para fazer as coisas, ir a lugares certos, descobrir pessoas e diferenças. Além das semelhanças, conheça as diferenças. O reconhecimento de área também é muito importante, vá conhecendo aquilo que lhe é familiar ou não e experimente as novidades, que vão se armazenando na sua memória celular, fazendo-o reconhecer detalhes importantes. Coincidências formam ideias a respeito do que viemos fazer neste plano e o quadro vai se formatando com todas as dicas que se apresentam.

- ENTREGAR: quando ainda não recebemos as instruções corretas para algumas ações efetivas, o que devemos fazer com as informações recebidas? Como devemos agir? A quem procurar? A quem servir? É hora de entregar a Deus/Deusa nossas dúvidas e nossos questionamentos, a fim de serem direcionados com as bênçãos acionadas para que os caminhos sejam preparados. A entrega é feita de coração e consciência a fim de que a vida possa ser amada e suprida.

- CONFIAR: paciência, é hora de harmonia e de confiar que estamos sendo atendidos. Não permita que a pressa estrague tudo. Se for o caso, tome o floral *Impatiens* neste período de tempo e visualize-se feliz, sabendo que todas as respostas e necessidades vêm para você e para todos que precisam deste momento.

- RECEBER: por fim, prepare-se para receber o que é seu por direito. Aos poucos terá vontade de se organizar melhor, de escrever sobre isso, de jogar algo velho para que entre o novo, de comemorar, agradecer, sentir-se eternamente feliz, nutrido e suprido. Bênçãos de todas as partes começam a surgir. Coincidências maravilhosas se apresentam e dicas insistentes passam a se manifestar. Você já não consegue se recusar a viver. Aqui o Universo começa verdadeiramente a conspirar a seu favor.

Tudo isso na Terra tem vários nomes: abundância, prosperidade, suprimento, fartura, fortuna, sorte, opulência.

As pessoas costumam pensar, em primeira instância, no dinheiro. É preciso compreender que dinheiro e riquezas materiais são os resultados de muitas formas-pensamentos de tudo o que já vimos anteriormente.

Por que correr atrás dos resultados se só precisamos da matéria-prima, que nos é completamente acessível e disponível na quietude? E de graça! Pense na lógica.

A matéria-prima é a Energia Universal, abundante e fartamente colocada à sua disposição para seu uso imediato, de acordo com suas necessidades e vontade.

Por que correr atrás dos detalhes, se só é preciso acionar qualidades e energias internas para fazer sua fortuna na Terra?

As riquezas Universais estão loucas para se manifestarem no nosso plano, e você é o instrumento à imagem e semelhança de Deus/Deusa, portanto, é um criador em potencial.

Comece a fazer acontecer a sua história com seus sócios, a Presença Divina EU SOU, os seres da Harmonia Cósmica, Luz e Amor Maior, todas as Legiões com que tiver afinidade e formas-pensamentos Universais, sentimentos poderosos, palavras bem-ditas, plenas de luz harmoniosa, saturadas de energias iluminadas.

Basta sempre convidá-los para participar de seus negócios, de sua vida familiar, de sua diversão. Agradecer, comemorar e celebrar faz parte da sua vida.

Tudo o que precisar ou requerer virá correndo atrás de você. É engraçado pensar nisso: Deuses/Deusas estão querendo se apresentar ao Planeta Terra por meio de seu coração; essa consciência e a comunicação direta é com você.

Já imaginou um Planeta com gente mais bonita, mais feliz, mais plena, com a sensação de estar sempre acompanhada, iluminada, amada e satisfeita? É possível. É só uma questão de foco, atenção, concentração e energia direcionada para esse objetivo.

Que a bem-amada Deusa Meta (Lakshmi, Deusa da prosperidade) possa lhe ajudar nesse propósito e contribuir para suas realizações Divinas na Terra.

Afinal, é por meio de cada um de nós que Deus/Deusa realiza o seu maior sonho, "conhecer a si mesmo, aprimorar-se e atender às demandas de evolução e aperfeiçoamento da própria evolução Divina da humanidade".

Nada haverá de faltar, pois a sorte estará para sempre ancorada por aqui!

Eu reconheço a luz Divina que me guia,
entrego-me a ela, recebo confiante as instruções
e sigo em frente, pois sou amado e protegido sempre!

4

Reverência do Masculino e do Feminino

"Tudo o que é feminino neste Universo adora o que é masculino. O único propósito de tudo quanto é masculino neste Universo é servir ao feminino por meio da celebração e do vigor da beleza que repousa no coração. Feminino e masculino estão equilibrados em toda manifestação sadia; são sócios igualitários, são amantes, são os mais leais amigos gêmeos."

"Quando vocês examinam a natureza da essência pura de beleza que é a perfeição do masculino e do feminino, vocês encontram o Deus ou a Deusa. Porque no âmago, na fonte de tudo o que é masculino e feminino, está Deus/Deusa. O mesmo Deus, o Único, o Grande Espírito. Essa é a sua Natureza."

"Cada espécie saudável olha para o mundo exterior enquanto experimenta a unidade interior total, integral e forma uma ideia da totalidade da vida manifesta. Esta é a sua compreensão do Universo."

"Os seres humanos não são inteiramente felizes nem saudáveis senão quando servem aos propósitos para os quais Deus/Deusa os criou. Na sequência de cura, a consciência humana é que deve mudar primeiro."

"Os corações generosos irradiam constantemente as forças misteriosas que incessantemente provocam grandes acontecimentos."

"Deus e Deusa são indescritivelmente belo e bela, indescritivelmente maravilhosos, indescritivelmente preciosos, poderosos, gentis, reais."

"Os Deuses são todas as qualidades em tal grau de perfeição, que Seu único desafio é buscar a descrição dessa perfeição indescritível."

A Fusão do Feminino

A religião surgiu como masculina – força yang. Depois, emergiu a força feminina, que sabe esperar ao invés de destruir – yin. Imagine que carregamos a centelha Divina e que ela entra no mundo por nosso intermédio. Pratique falar com Deus. Deste modo, estará ativando a sua percepção consciente para um nível de intuição que modifica a energia que há no corpo. No momento em que a mente superior dita "agora estou falando como Deus, agora estou praticando ser Deus", você está gravando Deus em todo o seu Ser. Está desenvolvendo um repertório em que cria continuamente o pensamento divino que recria Deus. Quando você fala como Deus, Ele fala como você. Essa é a força de intenção que de fato modifica o Universo, e isso por seu intermédio!

É uma força muito consoladora. Ao incluir Deus, sua vida inteira começa a descrever uma espiral que sobe e se dirige para a luz. Você perde o medo de se expandir e estender a mão para receber e, quando o faz, começa a receber tudo como se fosse Deus. Vejam Deus uns nos outros. Quando você começa a ter acesso à fonte que há dentro de si e diz "estou aprendendo a lição da fartura", está sentindo que esse nascimento é necessário para o seu crescimento, tem que aprender a usar a força dessa lição, que não aumenta o seu valor como ser humano, mas a sua oportunidade de assumir a responsabilidade por si e pelos outros.

Para estar bem ou ter sucesso é preciso não existir nenhum bloqueio no fluxo de energia. Movimento, velocidade, frequência e pausa formam a qualidade. É preciso haver reconhecimento intuitivo do momento certo de agir e do momento certo de ficar parado. A escolha tem de vir de uma ligação profunda que há entre a percepção consciente e a meta. É a ativação dos 70 sentidos que amplia o contexto de projeto. Há infinitas ramificações, matrizes e flutuações dos participantes. A pessoa que tem êxito precisa ser capaz de entrar nesse útero e perceber a entidade que está se formando. Isso sempre tem necessidade de pausa, contemplação e receptividade.

A pessoa que tem êxito precisa ter um controle suficiente da própria vida para reservar tempo para ouvir a voz interior do EU SUPERIOR. Onde quer que você esteja, pode criar o espaço necessário para sondagens desse tipo.

A pergunta é: bem-amado, Eu Superior (ou Cristo Interno), podes me mostrar o caminho que me levará às circunstâncias apropriadas?

Em geral, a resposta vem numa sincronia extraordinária e mágica que nos abre o caminho, clareando a nossa percepção por meio de uma leitura, ideia, conversa ou "dica" da vida. É nesse momento que os elementais escondidos que estavam se movendo atrás da cortina da visibilidade aparecem. Aqui, a disciplina da lei espiritual do desprendimento é exigida. É preciso estar atento e agir a partir da intuição, porque o quebra-cabeça começa a se formar e você precisa estar presente com o Eu Superior, verificando cuidadosamente os próximos passos e mantendo a atitude mental positiva, assumindo que tudo está resolvido.

Desloque a sua atenção sempre para além do problema, como se já o tivesse resolvido. Muitas vezes, só pelo fato de colocá-lo de lado, ele já está simplesmente resolvido. Ao invés de sentir a carga do esforço para resolver o problema, comprometa-se com a atitude de se arriscar e manter a atenção focalizada no desafio. Contribua. Se você é líder, ensine os outros a darem valor a si mesmos. Veja-os progredirem, tomando decisões que contenham mais riscos, entusiasmo, aventura e enriquecimento.

O líder se concentra na ideia de se tornar um canal aberto que consegue fazer com que a verdade brilhe. Neste ponto, entram a sintonia e as coincidências que oferecem orientação, sugestões, avisos, sinais. À sua maneira, trata-se da direção da energia – é por aqui! Ao sintonizar-se com ela, passa a saber imediatamente o que se relaciona com você.

A intuição, a percepção e a consciência são elementos de um grande jogo Divino – utilize-os para sua performance no Plano Divino na Terra.

É no equilíbrio das emoções que os lados masculino e feminino de cada pessoa podem se unir. Ao se aprender a perseverança e a compaixão, recria-se o milagre da vida. Com a força feminina, o coração é nutrido e preenchido. Esses atributos, personificados pela Deusa Ísis, agora podem ser transmitidos a nós pelo Cristal de Ísis.

Chris Griscom

5

A Antiga Lei de Ísis

Transmissões Cristalinas
Katrina Raphaell

Há muitas histórias da criação nas lendas egípcias, mas todas elas concordam que Rá era a fonte poderosa de toda a vida, cujo símbolo passou a ser o Sol. Sua primeira criação foi Shu, o Deus do Ar, e a segunda, Tefnut, a Deusa da umidade. Shu e Tefnut partilharam um grande amor e, dentro em pouco, Tefnut deu à luz gêmeos. A mais nova, Nut, Deusa do Céu, e o mais velho, Geb, Deus da Terra. Geb e sua linda irmã Nut descobriram o grande amor; quando o Céu e a Terra se fundiram, nasceu Osíris. Depois de uma boa dose de sofrimento, Nut deu à luz um segundo filho, cujo nome era Set. Pouco tempo depois, Nut deu à luz Ísis e Néftis, para servirem como contrapartes femininas de Osíris e Set.

Osíris nasceu com uma coroa na cabeça e, sendo nobre e generoso, estava destinado à grandeza. Set nasceu com a cabeça selvagem de uma besta, era ambicioso, ciumento e cruel. Ele se ressentia por Osíris ter sido criado primeiro, pois sabia que o filho mais velho herdaria o trono de Rá na Terra. Ísis era valente e personificava os poderes mágicos, enquanto Néftis encarnava as virtudes da lealdade e da gentileza.

Rá e seus filhos Shu e Tefnut, seus netos Geb e Nut, e seus bisnetos Osíris, Ísis, Set e Néftis são os Nove Grandes Deuses, conhecidos como a Enéade. Rá continuou sua criação e deu vida a muitos outros Deuses e Deusas. Ele povoou o Céu acima da Terra com espíritos e o espaço abaixo com divindades e demônios menores. Em seguida, criou o homem e a mulher, a pátria egípcia, o Nilo, as estações, os animais e as plantas.

Osíris e Ísis se amaram muito e tinham uma grande camaradagem. Néftis e Set se casaram, apesar da natureza animalesca e egoísta de Set. No devido tempo, Rá ordenou que Osíris e Ísis reinassem no Egito. Osíris foi um regente gentil e sábio, ensinou o povo a adorar os Deuses, a viver de maneira ordeira e a plantar. Set foi acometido de ciúme e planejou conquistar o reino do Egito. Ísis nunca confiou em Set e buscou proteger o marido de sua traição.

Num banquete, Set começou a falar sobre um magnífico cofre que havia sido feito para ele com as mais finas madeiras e mandou buscá-lo. Enquanto todos admiravam o artesanato do cofre, Set prometeu dá-lo a qualquer homem que coubesse exatamente dentro dele. Naturalmente, nenhum se adaptou de maneira exata ao seu tamanho, pois ele fora projetado e construído por Set para adaptar-se às proporções de Osíris. Quando, brincando, Osíris, por sua vez, entrou na caixa, a tampa foi batida com violência e aferrolhada. Enquanto os convidados inocentes eram mantidos afastados pelos conspiradores, Set selou o cofre com chumbo derretido e Osíris foi sufocado.

O cofre tinha se tornado o ataúde de Osíris. Ele foi levado à noite a um dos barcos de uma das várias bifurcações do Nilo, onde foi atirado à água para ser levado para o mar e se perder para sempre. Em seguida, Set anunciou a morte súbita do irmão e se proclamou o novo regente do Egito.

Quando voltou e ouviu as horríveis notícias acerca de seu amado, Ísis ficou quase louca de pesar e não quis acreditar que algo tão horrível pudesse ter acontecido. Incapaz de suportar a dor de seus próprios sentimentos, ela deixou o reino.

Foi nessa ocasião que Ísis, a grande regente e Deusa do Egito, caiu no poço profundo do desespero emocional, conhecido só dos que tiveram um ente querido morto injustamente. Como podia ela, a primeira Deusa criada, e seu gentil e nobre esposo Osíris terem um fim tão terrível? Incapaz de entender a sua vida e o terrível destino que os surpreendera, Ísis buscou refúgio na Ilha de Agilkia, onde caiu numa profunda e desesperadora depressão. Foi aí que Hator, a Deusa do Amor e da Proteção, a encontrou. Ao ver a angústia de Ísis, ofereceu-lhe consolo. Ísis descansou a cabeça no seio de Hator e sentiu que era profundamente compreendida, protegida e amada. Tirando grande força do amor fraternal de Hator, ela reconquistou seu poder pessoal e foi capaz de se recuperar e tornar a se equilibrar, recompondo-se e consolidando suas energias.

Fortalecida pela sua firme determinação, Ísis procurou o corpo do marido assassinado durante longo tempo. Seguindo os boatos sobre seu paradeiro e recusando-se a desistir, Ísis finalmente encontrou a arca dentro do tronco de uma árvore milagrosa. Essa grande árvore havia subitamente crescido na margem do rio para onde o esquife de Osíris fora carregado pelas águas. O esquife dera forças às raízes da árvore nova. Por um ato de magia, Ísis removeu o esquife da árvore e, com a ajuda de amigos, levou-o a um lugar ermo. Ísis removeu o selo e abriu a tampa, descobrindo que o corpo de Osíris não havia se decomposto. Osíris parecia estar simplesmente adormecido. A Deusa chorou amargamente, abraçando-o com ternura.

Certa noite, quando Ísis dormia, Set, que estava caçando por aqueles pântanos, descobriu o esquife, reconhecendo-o imediatamente e ficando, uma vez mais, com medo do poder de Ísis de restaurar Osíris. O cruel Deus abriu o esquife, retirou o corpo do irmão e o cortou pelas juntas. Em seguida, espalhou as partes por todo o Egito, considerando que assim Ísis nunca mais poderia recuperá-las. Ao ver o esquife vazio, o grito de dor de Ísis foi tão alto que pôde ser ouvido por todo o Egito. Quando o seu grito atingiu os ouvidos de Néftis, esta correu em auxílio da irmã. Apesar de ser a esposa de Set, ela sempre sintonizava mais com Ísis e Osíris do que com o marido. Portanto, juntas, as duas irmãs se puseram em busca das partes espalhadas do corpo de Osíris.

Por longos e tristes anos, a fiel Ísis e sua bondosa irmã Néftis percorreram o Egito, e em todos os lugares onde encontravam um pedaço do corpo de Osíris, erguiam um santuário (ainda existem alguns desses templos nos dias de hoje). Por fim, os pedaços foram encontrados, exceto o falo, que havia sido arremessado ao mar e fora engolido por uma baleia. Recorrendo ao tio Tot, Ísis realizou a mais poderosa mágica para recompor todo o corpo de Osíris. Combinando a sua magia, ela e Tot trouxeram Osíris de volta à vida por uma única e breve noite de amor, em que foi concebido o seu filho Hórus. (Esse ato de magia e de amor aconteceu na Osíria de Abidos, um dos mais antigos lugares do Egito.)

O corpo de Osíris morreu verdadeiramente, no entanto, o seu espírito continuou vivo e ele foi santificado como Rei dos Mortos. Tendo conquistado a morte, Osíris exemplifica o destemor da alma imortal para todos os que habitam este mundo transitório. Desde então, acredita-se que, quando morrermos, nos encontraremos com Osíris. Se tivermos tido uma vida reta na Terra, viveremos para sempre em seu reino eterno.

Há sobre Hórus, o filho de cabeça de falcão de Ísis e Osíris, muitas histórias referentes à sua perigosa infância e à eventual derrubada de Set, que culminou com sua legítima retomada do trono. As histórias de Hórus e Set exemplificam a eterna batalha entre o bem e o mal, com a justiça e o uso correto do poder vencendo no final.

O Poder da Força Feminina

O templo de Ísis original foi construído e reconstruído durante séculos na Ilha de Agilkia, onde Ísis encontrou uma renovada esperança. Esse templo permanece até hoje como um monumento a sua eterna força e poder de equilibrar o corpo emocional e curar o Eu. Foi agora reativado e está irradiando energias à aura da Terra em benefício de todos. (Nota: devido à subida das águas da represa de Assuan, o Templo de Ísis foi removido da Ilha de Agilkia para a Ilha de Filas.)

Ísis personifica o poder da autocura, da força interior, da determinação e da perseverança para atingir a meta final, e do poder mágico da renovação da vida, da vitória última da verdade e da justiça. Foi somente com a sua grande força que a história da criação continuou e as forças do mal foram contidas. Ela sentiu a profundidade do sofrimento humano; sua angústia não foi ainda sobrepujada no curso da história humana.

Na lenda de Ísis, vemos como essa grande Deusa entrou no corpo emocional, sofreu uma grande dor e superou sua provação. Teria sido impossível para ela continuar não fosse o aspecto amoroso de Hator, que consolou seu coração para que ela pudesse recuperar as forças. Foi na Ilha de Agilkia que ela descobriu seu verdadeiro poder e reuniu suas forças para se curar e depois ajudar o marido. Essa é a lição básica que Ísis tem a nos ensinar. Como você se cura das feridas emocionais aparentemente injustas da perda de um ente querido, a pior de todas as dores? Como você se cura para recriar a vida? Que encanto leva tudo à mais perfeita ordem?

O cristal de Ísis contém os segredos para a cura, que deve ocorrer para que a vida seja renovada e a justiça Divina realizada. Em seu tormento, Ísis tornou-se humana. Ela venceu. A essência dessa força de autocura está corporificada numa forma de luz cristalina. Ísis agora partilhará os seus segredos.

6

Caminhando sobre Águas Turbulentas

O Retorno das Tribos-Pássaros
Ken Carey

Nós das tribos aladas chegamos a esta era não só para nos materializar, mas para encarnar. Regressamos agora numa onda de luz, numa pulsação de nova intensidade. Temos a habilidade de nos materializar ao atrair átomos e moléculas para nossos campos de luz, mas não é por isso que estamos aqui. Estamos procurando encarnações biológicas em seres humanos específicos, cujos corpos cresceram de fetos que desabrocharam segundo os padrões de vibração da nossa luz. Fomos nós que traçamos seus corpos humanos; mas vocês cresceram numa civilização que nega a nossa presença e a nossa realidade. Então sopramos sobre vocês, novamente, sopro após sopro, cada sopro mais pleno do que o anterior, cada pulsação mais brilhante, cada nova comunicação mais clara, penetrando mais fundo na compreensão de vocês.

Deixem-nos despertar em vocês, nós que os formamos no nosso útero, nós que os chamamos do túmulo da matéria adormecida; vocês, cujos circuitos físicos espelham o nosso ser, acolham-nos nas suas consciências.

Quando experimentarem a presença do nosso espírito se conhecerão na imagem que Deus mantém para vocês, a imagem da perfeição na qual os criou. A imagem viva que Deus tem de vocês é um reflexo dele mesmo, não fica congelada como uma fotografia num quadro. As imagens perfeitas nas quais Deus mantém cada ser humano estão vivas, e mudando, fluindo, imagens fluidas. Ora serventes, ora amantes, ora irmão, ora mestre ou amigo.

Nós entendemos as imagens que a humanidade faz de Deus, pois elas são o que somos! Somos imagens vivas de Deus, individualizadas, designadas para atrair mais do que apenas seus corpos físicos para nossos padrões de energia; fomos criados para nos misturarmos com a consciência, com a compreensão e com o campo de expressão emocional de vocês. Estamos aqui, na atmosfera da consciência de vocês, para atraí-los para uma percepção clara e exata, para que, juntos, em harmonia e colaboração, possamos começar um novo ciclo de criação.

Descemos à Terra para nos fundir com vocês na comunhão que dará luz ao Criador no tempo. Trabalhamos com quaisquer formas de compreensão que vocês nos permitem animar. Nosso amor chama da Terra os corpos da sua raça. Sintam esse amor e conheçam o seu espírito. Oferecemos a vocês mais do que palavras; oferecemos-lhes nós mesmos.

Filhos, vivemos e morremos em muitos de vocês. E viemos novamente em vocês, várias vezes. As gerações humanas amedrontadas são como ondas do mar batendo, frias, nas nossas praias eternamente quentes. Vocês podem continuar tendo medo, retrocedendo a cada onda fria para encarnar de novo, e de novo. Ou podem começar a olhar as ondas, as ondas do medo de sua geração, ondas da ilusão da sua sociedade, ondas do controle emocional, e dar-se conta de que vocês não são as ondas.

O mundo definido humanamente está em constante mudança. Sempre há um drama momentâneo, uma onda de turbulência emocional que parece ter a habilidade de pôr medo nos corações como jamais houve antes. Mas não importa quão selvagem e turbulentas sejam as ondas dos Deuses da sua cultura, durante estes últimos dias, antes que as ilusões desapareçam, não sejam vocês as ondas de temor, nem se deixem influenciar por elas. Os pássaros-tempestades que destruíram armadas, afundaram galeões e viram cair guerreiros diante de sua fúria – os pássaros sempre flutuaram tranquilos, acima do naufrágio, acima da turbulência, acima das ondas, serenos e gentis.

Mas os tempos não precisam ser necessariamente turbulentos para vocês, humanos desta era final. Pois, onde houver apenas um que não sucumba às subcorrentes emocionais que os levariam como carneiros à loucura coletiva, haverá irradiação da influência de paz, de estabilidade, de cura e de bênção. Deus ampliará a influência desse único indivíduo e o fundirá com a influência de outros que estão encarnados fazendo o mesmo. É por eles que a paz voltará. E contra eles nenhum mar se levantará.

Estamos aqui para acalmar as águas revoltas das tempestades emocionais coletivas, para andar sobre as águas na nossa compreensão, para trazer os caminhos do amor a um mundo humano ainda à deriva no mar revolto da ilusão. Trazemos a tocha da paz que vem da confiança em Deus. Trazemos a tocha da sabedoria que soluciona as diferenças humanas pelas relações de intimidade, pela comunicação, pelo perdão e pela honestidade.

Amando nossos inimigos, não teremos inimigos, nem teremos o que temer. As luzes das nossas tochas clamam por cima das ondas da turbulência humana. A consciência do Um Eterno brilha em cada luz que seguramos. Os que lutam e se agarram ao naufrágio causado pela turbulência não podem nos atingir, nem à nossa espécie. Só podem se transformar em nós com o tempo. Pois é deles, é dessa matéria bruta que os egos da nossa espécie universal são tirados.

Não adiram às ilusões passageiras desta era. Não sigam cegamente a arcaica programação guerreira que os deixa inconscientes, como autômatos, como marionetes controladas por aqueles que têm se ocupado durante séculos no planejamento das correntes do medo. Façam as suas escolhas. Acostumam ter reações violentas, seja em pensamentos, seja em palavras, seja em ações, compreendam que vocês estão lutando consigo mesmos. Não sejam tão ansiosos em lutar consigo mesmos. Só existe uma pessoa aqui jogando sombras sobre a parede. Defendam-se apenas disso: da projeção de temores inconscientes.

Cada vez que um ser humano reage violentamente contra outro ser humano, em vez de se comunicar, essa pessoa está se machucando. A essência da inteligência é simplesmente isto: é sempre melhor colaborar do que revidar.

Não são os "outros" os que vocês percebem como inimigos; são os do seu próprio lar, os da sua família. Deixem que eles sejam seus amigos e sócios no trabalho de cura e de educação nos tempos presentes. Não se levem tão a sério, nem a eles. Com leveza no coração, elevem-se acima das ondas da preocupação emocional que iriam puxá-los para o fundo. Sintam o amor que está reestruturando cada ilusão humana.

Chegamos a esta época para acalmar as águas da turbulência emocional humana. Permitimos até agora que as águas rodopiassem para ajudar os egos em sua aprendizagem, mas o Criador determinou um fim para a história; nós somos os meios pelos quais haverá calmaria. Onde estivermos, a água se acalmará. Caminhamos sobre a água cantando. Água pura: um coração humano amando. Água clara: os olhos de Deus que tudo veem.

Colocando-se acima dos mares revoltos da ilusão verão a luz radiante de dez mil outros seres como vocês. Seres de Luz. Seres Alados. Os *ongwhehonwhe* (povo fiel à realidade, povo real, todos os povos nos quais o espírito é plenamente encarnado e nos quais a integração espírito/ego já ocorreu) estão regressando.

O amor deles para com essas irmãs e esses irmãos de outrora explode em seu coração. Raios de luz brilhante disparam entre vocês. Dez mil pontes de luz unem os corações. E sob cada ponte luminosa a luz cai risonha sobre os mares revoltos. Também essas águas são acalmadas, as águas que ficam embaixo das pontes.

Emergindo dos mares turbulentos, outros mais surgem para se juntarem a vocês. Deixem para trás suas reivindicações mesquinhas sobre este, aquele ou outro momento qualquer. Num momento maior, eles se fundem com vocês; um momento magnífico. Eles sentem a rede de luz que envolve o Planeta. Tornam-se parte dela. Despertam na energia dos filhos da luz. Ao seu lado, testemunham o trabalho de equipe e colaboração dos povos reais.

Eles veem. Vocês veem. Algo está tocando esta terra, algo que vem das estrelas. Algo está aterrissando nas águas calmas dos corações que confiam em Deus, falando aos corações das pessoas que amam.

Cada onda de tempo que se quebra traz outro momento, outra abertura, outra passagem, convidando os filhos da Terra que despertam ao sentir o farfalhar do espírito na consciência, a sentir o toque das asas dos anjos, a deixar acalmar as águas de seus corações, a viver cada momento com mais amor, honestidade, carinho e compaixão como jamais sentiram. É assim que o equilíbrio do Arco Sagrado será restaurado. A cada momento vocês se tornam mais encarnados.

Vocês são o amor do Criador encarnado em forma humana.

Por meio da força do amor de vocês, é possível criar. Estão aqui a serviço da Arte Universal para criar beleza e para desfrutar de tudo o que for criado.

A evocação da beleza e da descrição da verdade; esse é o propósito de vocês.

O propósito da Vida!

O propósito do Universo!

7

Apelos

A única maneira de contra-atacar eficaz e rapidamente as energias nocivas, enquanto ainda não se tem uma "carteira de habilitação" pela Fraternidade Branca, é verbalizando Apelos, Comandos e Decretos.

Não devemos deixar a guarda aberta, senão as energias de baixa vibração entram em nossos corpos e campos energéticos e áuricos e nos desqualificamos.

É sempre muito importante a manutenção da proteção, a fim de que tais energias não ancorem em nós. Muitas vezes, sem querer, quando estamos alegres e despreocupados, abrimos a guarda e deixamos o caminho livre para que elas cheguem.

Claro que isso não quer dizer que não podemos ser alegres, mas por sermos pessoas de maior responsabilidade e conhecimento, não podemos nos esquecer de manter a guarda, ou seja, de utilizar constantemente uma Pirâmide Azul, o Sol Dourado acima da cabeça, o Cordão de Prata ligado à Presença Divina EU SOU e o Manto de Luz Branca Eletrônico. Tudo tem que estar sempre funcionando, pois se nos desligarmos da guarda, aquela energia entra.

Nós atraímos imediatamente tudo o que falamos; então, nesta hora, temos que equalizar as palavras; manter a guarda e a atenção é fundamental.

Lembre-se bem de seu Anjo da Guarda, das Legiões Angélicas que estão ao nosso dispor para tantos propósitos.

Antes de fazer um Decreto, devemos visualizar a Pirâmide Azul, mantendo-a conosco e, em seguida, passar a Chama Violeta bem rapidamente, no sentido anti-horário, enquanto expandimos a Chama Trina com a respiração, atuando com o 6º Raio Rubi Dourado que nos mantém pacíficos e emocionalmente integrados, além dos cinco Raios Sutis para manutenção contínua de seu caráter, temperamento, desenvolvimento saudável de sua energia, vibrações, egrégoras e consciência.

Apelos de Proteção

1. Eu Sou invisível e invulnerável a toda criação humana agora e para sempre (esse apelo tem o poder de ativar o Manto de Luz Eletrônico e seu efeito é profundamente benéfico). Imagine o Manto de Luz, acenda seus chacras e todo seu ser, dizendo:

2. Eu Sou aqui, Eu Sou ali, Eu Sou em todos os lugares. Repita quantas vezes achar necessário. Para ajudar, mentalize a Pirâmide Azul e o Cordão de Prata, iluminado por um Sol Dourado.

3. Eu Sou o manto da Luz Eletrônica que me mantém na proteção de meu Divino Eu. Onde quer que eu me encontre, Ele me oferece segurança e amparo e me defende de toda imperfeição.

4. Eu Sou, Eu Sou, Eu Sou a vitoriosa Presença do Onipotente Deus que agora me envolve no meu chamejante e brilhante Manto de Luz Branca, mantendo-me invisível, invulnerável e intangível a toda criação humana. Agora e para sempre.

5. Eu Sou a Pureza da Luz presente em todo o discípulo para livrá-lo de qualquer influência estranha que possa atingir um grupo no serviço prestado aos Mestres (repetir três vezes). Apelamos a vós, poderosos seres do 1º Raio, avivai e propagai vosso Fogo da Força do Amor por meio de cada discípulo, livrai-o de todos as ligações com pessoas e ensinamentos que não estejam em concordância com a instrução da Grande Fraternidade Branca. Reforçai o poder do discernimento em cada discípulo ou pessoa que ainda não saiba distinguir a verdade.

Afirmação

Em nome de minha Presença Divina Eu Sou, renuncio a todas as forças que dei ao meu eu externo, renuncio a todas as forças que depositei nas coisas supérfluas, renuncio a todo o poder das trevas que eu criei.

Tudo que penso, falo e faço está sob o controle da Presença Divina.

Apelo da Chama Violeta

Eu Sou, Eu Sou, Eu Sou a vitoriosa Presença Divina.

Que me envolve agora no Fogo Violeta do amor e da liberdade,

Que chameja cada parte do meu ser e do meu mundo,

Encerra-me em um Pilar de Fogo Sagrado e transforma instantaneamente cada criação humana, tudo o que é impuro em mim, à minha volta ou que seja projetado contra mim e tudo que entrar em contato comigo.

Pois o Amor Sagrado do Fogo Sagrado protege e aperfeiçoa sempre (repetir 3 vezes).

Eu Sou este Fogo Sagrado.

Prece ao Arcanjo Miguel

Bem-amado Arcanjo Miguel, defendei-me nas horas de conflito.

Sede nossa proteção contra toda maldade e tentação de forças visíveis e invisíveis.

Enfraquecei-as, humildemente suplicamos,

Príncipe da Legião Celeste.

Pelo poder de Deus, removei da atmosfera da Terra todos os espíritos mal-intencionados que visam corromper nossa alma.

Assim seja!

Exorcismo do Arcanjo Miguel

Em nome e pelo poder da amada Presença Eu Sou em nossos corações e no coração do Arcanjo Miguel, com a autoridade do Príncipe dos Arcanjos, Eu Sou comandando que a Chama Azul desça, desça, desça sobre (nome de quem está se exorcizando) e carbonize, carbonize, carbonize completamente toda a energia negativa e destrutiva que assedia esta pessoa.

Eu Sou o poder do Príncipe dos Arcanjos, o Arcanjo Miguel carbonizando, carbonizando, carbonizando, pela força do Fogo Azul do Pai Todo-Poderoso, toda a energia destrutiva, toda a obsessão, tudo o que é menor que a perfeição, que atrapalha esta corrente de vida de seguir o seu rumo, livre do assédio de energias e seres que não são da luz! E pelo poder solar da fusão das Chamas do Arcanjo Miguel e Eloha Astréa, Eu Sou comandando:

Ó energias negativas que não servem à Luz,

Afastai-vos do Cristo em .... (nome).

Afastai-vos do Cristo em .... (nome).

Afastai-vos do Cristo em .... (nome).

Permitindo-lhe viver dentro da harmonia de sua Presença Divina.

Pelo poder do Arcanjo Miguel e da Eloha Astréa, Eu Sou cravando no peito de .... (nome). Eu Sou cravando no peito de .... (nome). Eu Sou cravando no peito de ...... (nome) a cruz do infinito amor e proteção do Arcanjo Miguel. Onde quer que .... (nome) esteja, esta cruz reluzirá, resplandecerá, brilhará como um Sol e afastará de .... (nome) qualquer ser, energia, condição ou coisa que deseje se apoderar de seus corpos ou de sua energia e consciência.

A partir de agora .... (nome) está portando a cruz de Chama Azul do Arcanjo Miguel e assim se fará reconhecer a qualquer distância de onde esteja, para sempre.

Quanto àqueles que assediavam .... (nome), pelo poder do Arcanjo Miguel Eu Sou comandando agora os anjos da Chama Azul:

Que levem, que levem, que levem todos estes seres para os Templos de Compaixão da amada Kwan Yin e que, através do amor invencível e da misericórdia do 7º Raio, dissolvam as energias cristalizadas que o impediam de enxergar a verdade. Faça-os entender que também são partes de Deus e que Deus é Amor!

Pelo Poder do três vezes o três da Sagrada Chama Trina EU SOU em nossos corações, está feito, selado e decretado, porque eu falei no mais Poderoso Nome de Deus EU SOU, EU SOU, EU SOU.

Apelo do Perdão

Eu sou a irradiação do perdão e da pureza
Que liberta minha vida de todas as trevas.
Eu Sou a chama do amor
Que equilibra instantaneamente
Minha energia malbaratada por mim,
Renovando-a dentro da harmonia perfeita.

Apelo do Fogo Violeta

Bem-amados anjos do Fogo Violeta!

Vinde, vinde, vinde e flamejai o
Fogo Violeta do Amor pela Liberdade!

Fogo Violeta do Amor
Que pela liberdade nunca falha! (3 vezes).

Vem trazer a pureza e a perfeição.
(Respirar e visualizar a Chama Trina flamejando.)

E nós pedimos aos Mestres
A Chama Trina Cósmica adicional do Centro do Universo.

Agora, respire e deixe a energia entrar, fazendo as invocações e os comandos que sentir necessários para requalificação energética e vibracional.

Requalificação Energética Pós-transmutação

Que a energia da harmonia e do equilíbrio possam envolver a mim, ao Planeta Terra e a humanidade com a Chama da Graça Divina, assim como os Arcanjos Anthriel e Harmonia.

8

Elohins

Os Elohins possuem a Nona Iniciação e são os poderosíssimos construtores de formas mais elevadas como Sistemas Solares, Planetas, etc.

Os 12 Elohins e seus complementos Divinos atenderam a Hélios e Vesta para construir este sistema Solar e aqui continuarão até o final da jornada, até a ascensão de toda emanação de vida e ao retorno ao cinturão eletrônico do Grande Sol Central.

No trabalho de construção, os Elohins comandam Legiões de Serafins, Querubins, Devas, Anjos, Elementais, cada um na sua atividade criativa.

Cada Elohim possui o seu Templo Solar que é um Poderoso Foco de Luz, um sustentáculo da mais alta concentração de energia construtiva na manutenção do equilíbrio suficiente para que todo o Plano Divino seja executado em ordem.

Os Elohins são dirigidos pelo Poderoso Hércules, que tem o seu Foco de Luz, o Templo Solar da Proteção e da Força, no Plano Etérico, sobre a cidade de Zurique, na Suíça, formando um triângulo energético com o Templo da Ascensão, no Plano Etérico sobre Luxor, no Alto do Egito, dirigido pelo Mestre Seraphis Bey; e o Templo da Liberdade, no Plano Etérico sobre a Renânia, no sul da França, dirigido pela Mestra Rowena.

O Templo Solar da Proteção e da Força fica no ápice do triângulo e recebe energias de todas as Cidades de Luz do Planeta, inclusive parte da luz de Shamballah (a nossa principal Cidade de Luz), tornando-se o segundo maior reservatório energético do Planeta, que ali concentra e distribui energia aos lugares que mais necessitam.

Os 12 Elohins e seus complementos Divinos, as Elohas são:

1º Raio: Chama Azul (Hércules e Amazona)
TEMPLO: Templo Solar da Proteção e da Força.
LOCAL: Plano Etérico sobre Zurique, na Suíça.
ATRIBUTOS: Decisão, Força, Proteção e Poder.

2º Raio: Chama Amarela (Cassiopeia e Minerva)
TEMPLO: Templo da Consciência do Grupo Avatar.
LOCAL: Plano Etérico sobre a Baixa Saxônia Ocidental, Alemanha Ocidental.
ATRIBUTOS: Percepção do Plano e Sabedoria na Execução.

3º Raio: Chama Rosa (Órion e Angélica)
TEMPLO: Retiro do Lord Maytrea e seu Templo do Dourado Equilíbrio.
LOCAL: Plano Etérico sobre o Lago Winnipeg, no Canadá.
ATRIBUTOS: Coesão (Unificação) da Força do Amor nas atividades de Construção.

4º Raio: Chama Branco-Cristal (Claire e Astréa)
TEMPLO: Foco Solar e Planetário do Espírito Santo.
LOCAL: Plano Etérico, perto do Golfo do Arcanjo, braço sudoeste do Mar-Branco, na Rússia.
ATRIBUTOS: Pureza e Sustentação do Plano Imaculado.

5º Raio: Chama Verde-Branco (Vista e Cristal)
TEMPLO: Templo Solar da Concentração e Percepção Divina.
LOCAL: Plano Etérico sobre a Cordilheira de Altai, onde a China, a Sibéria e a Mongólia se encontram perto de Tabum Bogdo.
ATRIBUTOS: Dedicação e Concentração nas atividades de Construção.

6º Raio: Chama Rubi (Tranquilitas e Pacífica)

TEMPLO: Templo da Tranquilidade.
LOCAL: Plano Etérico sobre as Ilhas Havaí.
ATRIBUTOS: Devoção e Paz nas Atividades de Construção.

7º Raio: Chama Violeta (Arcturos e Diana)

TEMPLO: Templo do Elohim Arcturos.
LOCAL: Plano Etérico, perto de Luanda, na Angola, África.
ATRIBUTOS: Sustentação do Plano Divino pela Invocação do Fogo Sagrado.

8º Raio: Chama Turquesa (Príncipa e Princípio)

TEMPLO: Royal Teton.
LOCAL: Estados Unidos.
ATRIBUTOS: Clareza, Percepção Divina, Discernimento, Lucidez, Dignidade, Confiança no Próprio Conhecimento e na Consciência Crística.

9º Raio: Chama Magenta (Energia e Matéria)

TEMPLO: Shamballah.
LOCAL: entre a região do Himalaia e o Deserto de Gobi.
ATRIBUTOS: Harmonia, Equilíbrio, Restauração e Ressurgimento.

10º Raio: Chama Dourada Solar (Luz e Esplendor)

TEMPLO: Templo da Paz e dos Elohins Paz e Tranquilitas.
ATRIBUTOS: Paz, Tranquilidade, Conforto, Pureza, Calma Interior, Abundância e Prosperidade.

11º Raio: Chama Pêssego (Átomo e Átma, Elétron e Electra)

TEMPLO: Foco de Iluminação Divina dos Deuses Meru.
LOCAL: Lago Titicaca.
ATRIBUTOS: Entusiasmo, Alegria e Libertação Espiritual.

12º Raio: Chama Opalina (Célula e Celularium, Molécula e Moléculum)
TEMPLO: Templo da Ilha de Creta.
LOCAL: Grécia.
ATRIBUTOS: Consolidação do Plano Divino na Terra, Transformação e Contemplação.

Os Doze Planos da Criação

Do 1º ao 7º Plano: precipitação ou formação

- 1º PLANO – Toda ação deve ser precedida de um propósito definido e da vontade. Antes de vos dirigirdes ao mundo exterior a fim de decidir qualquer assunto, aplicai vossa energia para transformar em ação o vosso objetivo. Eu, Elohim Hércules, exerço essa atividade.

- 2º PLANO – Depois de Mim, segue o poderoso Elohim Cassiopeia; ele vos outorga os dons da percepção e iluminação: o poder de atrair a ideia e, por meio da meditação, discernir o modo de materializá-la tão depressa quanto possível.

- 3º PLANO – Chegamos ao plano de atuação do poderoso Elohim Órion e seu amor Divino. É o poder da coesão, que dá forma ao informe. Esse amor flui na substância primordial do modelo ou projeto que tendes em mente e desejais materializar no mundo físico.

- 4º PLANO – Continua, agora, a atividade do poderoso Elohim da Pureza, o bem-amado Claire. É sua função conservar a pureza do projeto; que, ao alcançar este plano, não pode receber impressões ou desejos do ser externo; terá que manter-se puro e translúcido como o cristal, para que possa ser preenchido e completado com luz.

- 5º PLANO – É o campo de ação do Elohim Vista, que tem o encargo de reunir as forças da concentração e santificá-las até que o projeto esteja perfeitamente executado. É seu dever cuidar para que o cérebro e o coração não se desviem do modelo sempre que outras ideias ou sugestões possam surgir; mas guiar a energia mantendo firme o plano até seu término.

- 6º PLANO – Quando tudo está pronto (tendo antes passado pelo Elohim Arcturus, do 7º plano), o Elohim da Paz, o bem-amado Tranquilitas, recebe o modelo e acrescenta-lhe beleza, harmonia e alegria, selando-o na chama Cósmica da Paz de Cristo. Isso outorga à precipitação existência eterna. Exatamente o contrário do que ocorre com as vossas obras na Terra, que começam a se desfazer depois de executadas devido ao vosso total desconhecimento das leis que regem as precipitações. Na tarefa de criar, os trabalhos do Sexto e do Sétimo Raios são invertidos.

- 7º PLANO – O poderoso Elohim Arcturus assume o trabalho de lapidar, polir, aperfeiçoar e dar simetria à forma por meio do Fogo Violeta e do rumo exato dos apelos.

Aproveitai nossa experiência no campo da precipitação, para realizar as vossas aspirações e projetos. De início, rogai ao Santo--Ser-Crístico, em vosso próprio coração, que vos faça um esboço perfeito do que quereis materializar; já que o homem recebe o que quer e o que pede, uma vez que a sua vontade é suscitada pela força magnética do Coração Divino.

Do livro Haja Luz – 12ª edição
(Citado do 1º ao 7º plano)

Com o Advento dos cinco Raios Sutis o pedido pode se estender aos outros cinco Elohins.

Do 8º ao 12º: sutilização – A partir do 8º Raio há a expansão para o nível Cósmico Solar.

- 8º PLANO – O Elohim Princípio retorna ao princípio da sutilização do pedido original, antes de termos gerado carma, motivo pelo qual, em geral, descemos à Terra. Outro motivo é que viemos atender ao Grande Chamado feito por Arcanjo Miguel, Sanat Kumara e várias equipes; com Lady Príncipa, agrega-se clareza e consciência Crística, acelerando a vibração dentro do Propósito Cósmico Original, respondendo ao evento maior com organização Cósmica e ordem Divina.

- 9º PLANO – O Elohim Energia reenergiza nosso propósito Divino com os atributos do amor e a vitalidade do Espírito Santo Universal em criação eterna. Essa energia está em esferas muito altas e é trabalhada em suas camadas para se tornar mais translúcida possível, antes de ser instaurada no Plano Físico com o auxílio inexorável da Eloha Matéria, sendo também moldado ao Plano Divino Universal, onde tudo se liga e dá impulsos de evolução ao Todo.

- 10º PLANO – Depois de passar pelo Elohim Energia, é a vez da atuação do Elohim Luz que vai imantar com a abundância de todas as possibilidades de realização. Finalizando e concluindo, a bem-amada Eloha Esplendor reativa o Plano Divino, inundando o Reino Atômico com a ilimitada e esplendorosa Luz de Deus.

- 11º PLANO – Ao receber o modelo dos Elohins Luz e Esplendor, os Elohins Átomo e Átma, Elétron e Eléctra, trabalham seus núcleos para sua materialização com a mais pura Luz eletrônica no Reino Físico. Iluminadas desde a sua parte mais sutil, manifestando-se em todos os átomos e elétrons, renovando os éditos de suas propostas originais.

- 12º Plano – O trabalho de materialização continua, mas sustentado pela Essência Solar, o que não traz exatamente uma densificação, mas uma concreta manifestação como um Fogo Ígneo, os Elohins Célula e Celularium, Molécula e Moléculum consolidam este fogo com absoluta segurança da completa unidade com o Plano Divino Universal. Isso devolve às células e moléculas do "homem" as informações necessárias para assegurar-lhe a dignidade de retomar seu movimento evolutivo Cósmico e Solar, perdido muito antes de descer à Terra, ou esquecido pelo envolvente Véu de Maia!

A Chama do Coração
Um Verdadeiro Acelerador Atômico

O maior "Acelerador Atômico" do Universo é a Imortal Chama Trina. A aceleração da velocidade dos elétrons em torno do núcleo central dos átomos de seus quatro corpos inferiores é obtida pela direção consciente daquela Chama da vida de seus corações.

Ao pedirem ao Acelerador Atômico para agir em múltiplas formas em benefício das pessoas, neste mundo de aparência física (como vocês têm feito por vários anos), os *"momentuns"* de energia, construtivamente qualificada e liberada pelo grupo, fizeram com que suas atividades fossem parte dos primeiros "Aceleradores" ativos na Terra, realmente acelerando a atividade vibratória dos quatro corpos inferiores da humanidade da qual vocês presentemente fazem parte.

A aceleração liberada por suas "chamadas" à luz é agora muito mais poderosa do que a supostamente liberada por qualquer instrumento mecânico; instrumento esse, entretanto, que deverá surgir mais tarde para o uso das massas, quando seu padrão for liberado pelo "Coração da Liberdade".

Quando adentramos o campo de força vivo e vibrante que foi atraído e estabelecido aqui ao longo dos anos, pela liberação das energias vitais de vocês, o que acontece?

Poderosos Seres Divinos, Anjos, Devas e Mestres Ascensionados que focalizaram neste recinto seus Raios Luminosos e Energia se manifestam. Tudo isso se torna uma parte do serviço à vida do grupo em ação, e é somado ao tamanho e fulgor de seu "Campo de Força".

A radiação da pura substância de luz desses Grandes Seres ao penetrar no Santuário, acelera a atividade vibratória dos elétrons de sua carne e corpos internos, isso apenas pela atenção deles dirigida a vocês.

À medida que aumenta a velocidade da vibração desses elétrons, a substância escura e sombria (criada pelos pensamentos, sentimentos, palavras e atos de discórdia do passado) é lançada para fora, e essas sombras são então transmutadas em Luz pela Poderosa ação da Cósmica Chama Violeta Transmutadora que preenche o recinto.

Vocês, que desejam tão ansiosamente sentar-se no Acelerador Atômico (sobre o qual Saint Germain lhes falou), lembrem-se de que o mesmo será dado aos homens que ainda não aprenderam a mestria de expandir a Chama dentro dos próprios corações.

Contudo, todas as vezes que vocês se reúnem aqui, todas as vezes que entram no compasso deste Acelerador Atômico da Libertação, tanta acumulação de discórdia é retirada dos seus corpos inferiores pela Chama Violeta, que meu coração se rejubila.

Esta purificação também acontece com você, mesmo quando apenas dirige sua atenção para o agora, pois "onde sua atenção estiver, lá você estará!".

Os grupos que querem continuar com as disciplinas que nós ensinamos, liberando suas energias com alegria e voluntariamente em decreto, canção e visualizações, acelerando, deste modo, as criações dos seus quatros corpo inferiores, tais grupos se tornam a aceleração para todos em suas localidades!

No mundo ortodoxo, vocês ouviram diversas vezes falar nos "vivos" e nos "mortos". Isso simplesmente se refere à diferença na taxa vibratória dos quatros corpos inferiores da humanidade (físico, etérico, mental e emocional). A principal diferença entre seus corpos não ascensionados e a perfeição dos nossos é meramente a diferença na gama de vibração dos elétrons girando em torno do núcleo central do átomo.

Como vocês veem, nossos elétrons se movem numa velocidade vibratória extremamente elevada, devido à completa purificação das energias dos nossos veículos de expressão. Vocês estão gradualmente conseguindo esta maior velocidade vibratória em seus quatro veículos inferiores, pela purificação que realizam por sua aplicação individual no uso da Chama Violeta Transmutadora e outras atividades do Fogo Sagrado, bem como por sua participação no trabalho de grupo.

Sugestão de requalificação após as Transmutações: colocar os cinco Raios Sutis na questão transmutada, a fim de que as Forças Solares possam se manifestar.

Invocação à Luz

ALELUIA – ALELUIA – ALELUIA
EU SOU – EU SOU – EU SOU

Todo Poderoso e sempre presente EU SOU,
Todo Compassivo e Onipotente Supremo,
Todo Sagrado é o Vosso Nome e Sagrada é a Vossa Luz!

Nós nos curvamos em nossos corações, dobramos nossos joelhos e nos oferecemos completamente a vós neste e em todos os dias de nossas vidas.

À medida em que a vitória da vossa Luz e vida se elevam em tudo e na plenitude de vosso nome EU SOU, invocamos firmemente as glórias da perfeição exemplificadas nos Reinos dos Céus.

Como EU SOU, nós invocamos a plena radiação dos sóis além dos sóis.

Das galáxias além das galáxias, a plena radiação dos Grandes Senhores Solares, Seres Cósmicos e Ascensionados.

Como a Luz EU SOU, fazemos uma chamada ao Reino Angélico, aos Sagrados Cristos Internos de toda humanidade e à perfeição do Reino Elemental.

Ó abençoada radiação de perfeição, derramai-vos por intermédio de nós agora, por meio de nossa consciência coletiva de servos de Deus/Deusa.

Nós invocamos a sagrada assistência do amado Lorde Maitreya.

À medida que o saudamos com gratidão e reverência, erguemos em oferenda nosso coração, cabeça e mãos.

Que a vontade de Deus/Deusa seja feita aqui e agora no mais sagrado nome do nosso EU SOU.

O retorno da presença EU SOU e o Reino dos Céus na Terra está se realizando.

Assim seja! Amado EU SOU.

A Grande Invocação

Do ponto de Luz na mente de Deus, que flua Luz às mentes dos homens, que a Luz desça à Terra.

Do ponto de Amor no coração de Deus, que flua o Amor nos corações dos homens, que Cristo retorne à Terra.

Do centro onde a Vontade de Deus é conhecida, que o propósito guie as pequenas vontades dos homens, o propósito que os Mestres conhecem e servem.

Do centro a que chamamos raça dos homens, que se realize o Plano de Amor e de Luz e que se feche a porta onde se encontra o mal.

Que a Luz, o Amor e o Poder restabeleçam o Plano Divino sobre a Terra.

Invocação Planetária

Do centro do Universo, das profundezas do Ser,

Do coração do Cosmos, que desça o Fogo à Terra!

Que ele queime o que não serve, que ele destrua a podridão, que ele acenda novas luzes!

Das pequenas presenças nos corações dos seres que habitam na Terra inteira, que ascenda o Fogo ao Céu!

Que a chama se eleve e brilhe!
Que a chama derreta a forma!
Que a forma não prenda mais!

Os Fogos da matéria e do espírito são um só!

A Terra inteira é Fogo, é Luz, é Cristo;
É um Sol no Céu, uma Estrela de Liberdade!

EU SOU o Amor, EU SOU a Luz, EU SOU o Cristo!

Hélios – Vesta

Invocação Maior

Da presença sublime em nossos corações,
Ó Cristo, Ó Redentor, recebe a Chama Ardente
do nosso Grande Amor!

Da presença real que coroa as nossas mentes,
Ó Cristo, Ó Potentado, acolhe a Luz Nascente
e o Poder Despertado!

Do tímido embrião da nossa inteligência,
Ó Redentor, Ó Santo, fabrica o teu bordão,
manda tecer teu manto!

Porque queremos fechar para sempre a porta ao mal,
Ó Cristo, Ó nosso irmão, mostra-nos tua face
e estende-nos a mão!

Que a Luz, o Amor e o Poder do Pai e da Mãe,
manifestem-se por teu intermédio sobre nós,
em nós e por nós, eternizando o Plano sobre a Terra!

Reclamando Todo Nosso *Momentum* de Luz

Em nome e com o poder de toda realidade Divina que EU SOU,
invoco e reclamo todo o *Momentum* de minha Luz Divina, agora...

E, enquanto me apresento purificado e transmutado pelo Fogo
Violeta, eu sei que:

EU SOU esse EU SOU! E minha aura pulsa com a Essência
Flamejante de meu corpo causal *(repetir 3 vezes)*.

Aceito agora completamente isso como a realidade Divina que
EU SOU *(sentir e visualizar isso)*.

EU SOU um Sol Radiante de minha própria perfeição Divina
(repetir 3 vezes).

Aceito agora completamente isso como a realidade Divina que
EU SOU *(sentir e visualizar isso)*.

Assim seja! Amado EU SOU.

Um Portador da Luz

EU SOU uma expressão constante da vontade de Deus/Deusa em Ação! *(repetir 3 vezes).*

Falo somente quando a Presença de Deus/Deusa tem algo a dizer através de mim. *(repetir 3 vezes).*

EU SOU um Portador da Luz,
EU SOU a Luz do Mundo! *(repetir 3 vezes).*

Falei agora, como o mais sagrado
Nome de Deus/Deusa,
EU SOU.

Um Veículo Preparado

Em nome da Lei Cósmica do Amor e do Perdão
Eu invoco: EU SOU!

Transmutando minha consciência humana
Com o Fogo Violeta! *(repetir 3 vezes).*

Ó Fogo Sagrado, resplandecendo
Como uma Luz radiante espiralante
Dentro de meu coração!

Elevai meu Veículo Físico para uma
Consciência Física mais elevada! *(repetir 3 vezes).*

Elevai meu Veículo Físico para uma
Consciência Etérica mais elevada! *(repetir 3 vezes).*

Elevai meu Veículo Físico para uma
Consciência Mental mais elevada! *(repetir 3 vezes).*

Elevai meu Veículo Físico para uma
Consciência Emocional mais elevada! *(repetir 3 vezes).*

Agradecido por este Fogo Sagrado,
EU SOU agora sublimado, refinado,
acelerado e transformado.

Com as Correntes do Fogo Sagrado,
EU SOU um Veículo preparado
para a Expressão do Cristo neste Planeta.

Assim seja! Amado EU SOU.

Porta Aberta para o Amor Divino

Amada Presença Divina EU SOU!

Prosternamo-nos ante o altar da mais sublime harmonia da Chama Trina da Vida em nossos corações.

Desta Sagrada Câmara, apelamos pela força da Chama da Ascensão para aumentar e elevar agora a vibração do autêntico Amor Divino.

Amado Seraphis Bey!

Plenos de amor, apelamos por vossa presença, Majestoso Ser de Luz, expandi vossa Chama Radiosa através dos corações de todos os seres humanos, de modo que a melodia do amor Divino possa repercutir nos povos da Terra.

EU SOU, com humildade, a porta aberta através da qual Vosso Grande Amor pode propagar-se.

Em nome do Sagrado Cristo Interno, nós e todo ser humano, somos eternamente gratos a vós, amado Seraphis Bey.

Sinta o fluxo do Universo, como ondas, sem tensão.

Ele vai para onde tem que ir.

Mantenha a consciência desperta para colocar o dourado com o água-marinha em sua cabeça, trazendo clareza, claridade, sabedoria e discernimento.

Visualize as forças do dourado no Chacra Cardíaco; dourado e rosa no Plexo Solar e um arco-íris dos 12 Raios no ventre, deixando-o sair e passear pelas suas auras, doando-se a você e iluminando suas auras e seus corpos físico, espiritual, mental e emocional.

Equalize as energias e manifeste a Lei do Perdão, perdoando os atos de vidas passadas, presentes e futuras que não servem mais à luz do seu amor.

Através do amor, sabedoria e poder de sua própria e sagrada Chama Trina Cósmica, EU SOU transmutando, transmutando, transmutando essas energias.

Envie-as de volta ao coração da Terra (visualize isso) ao grande Sol Central.

Suba agora a energia para a repolarização e nunca mais tendo que servir à criação humana, mas somente ao seu Plano Divino.

Respire, sentindo os chacras Estrela da Terra e Portão Estelar, 15 e 30 cm abaixo dos pés bem acesos, junto aos chacras Estrela da Alma e Portão Estelar, 15 e 30 cm acima do Chacra Coronário, que formam dois Campos Áuricos maravilhosos ao redor do seu ser, humano e Divino.

Por meio do amor, da sabedoria e do poder de suas próprias e sagradas Chamas Trinas Cósmicas, Eu Sou Grata, Grata, Grata, Eu Sou Grato, Grato, Grato por esta magnífica repolarização e requalificação.

Eu falei no mais Sagrado Nome de Deus/Deusa
EU SOU, EU SOU, EU SOU.
(Respirar profundamente antes de encerrar)

Eu peço o comando que todo esse trabalho seja atendido com a rapidez do relâmpago pela luz do Grande Sol Central com o Poder do Disco Solar e ampliado da Rede de Cristal.

Gratidão, Gratidão, Gratidão!

9

A Fraternidade Branca Universal dos Planetas

Em tempos remotos e caóticos, onde o domínio do mal era praticamente a tônica de uma época, um grande Concílio Sagrado do Espaço se organizava para decidir o quase já decidido fim do Planeta Terra.

Parecia não haver esperança alguma para a humanidade, que se esquecera de evoluir nos campos do amor, da paz, da alegria, da felicidade, do conhecimento e das verdadeiras necessidades de desenvolvimento mental, espiritual e emocional. A Lei Cósmica é clara. Quando não há mais possibilidade de se viver de acordo com as regras do Universo, humanidade e Planeta devem tomar rumos definidos.

No caso, ambos estavam seriamente comprometidos pelas faltas graves cometidas: a humanidade desmoralizada, ultrajando qualquer energia e vida Divina; a Terra poluída e contaminada pelas tantas magias negras, manipulações e guerras.

De repente, contrariando qualquer expectativa, apresenta-se o grande Regente de Vênus, Sanat Kumara, pedindo uma pequena prorrogação a fim de ter um tempo para refletir melhor sobre a situação.

Concedido este tempo, recolheu-se este amoroso Ser de Luz e pôs-se a contatar as mentes habitantes do Planeta Terra. Apesar da dolorosa e tenebrosa situação geral, Sanat Kumara percebeu algumas luzes acesas nos Chacras Cardíacos de alguns poucos humanos.

Na frequência vibratória da Presença Divina EU SOU Universal, aproximou-se deles e constatou que muitos perderiam suas casas, suas famílias, seus laços e elos espirituais/ancestrais/interplanetários e, mesmo sabendo que esse era o carma e o destino dessa humanidade e desse Planeta, este Ser se compadeceu.

Sanat Kumara voltou ao Concílio Sagrado do Espaço e pediu um tempo maior ainda, a fim de verificar se seria possível algum plano de recuperação. Muito intrigados, os membros do Concílio o questionaram: o que havia de fato tocado em seu íntimo? Que diferença havia entre essa humanidade e planeta e tantas outras que já haviam tido o mesmo destino decretado antes?

O irradiante tom de amor e luz de Sanat Kumara envolveu toda a Grande Sala e ele explicou:

"Se todos estivessem na mais absoluta treva, não me tocariam o coração como me tocaram. Várias Chamas Internas do Criador resistem bravamente com consciência aos ataques das trevas e insistem em manter contato com as Hierarquias Superiores, porém, é necessário um ouvido apurado para lhes ouvir o coração no meio de tantos ruídos, e se houver aprovação geral, posso estudar um plano que lhes apresentarei amanhã."

No dia seguinte, após ter conversado longamente com sua bem-amada esposa Vênus e recebido dela o apoio sobre qualquer decisão que viesse a tomar, ele apresenta o seguinte plano:

Desceriam à Terra, ele próprio, em níveis internos, e uma equipe de 135 Kumaras que encarnariam no Planeta Terra a fim de construir um local seguro que implantaria um sistema de incentivo à luz, ao amor e ao poder Divino, até que todos retornassem à Chama Trina Interior planetariamente, no tempo que fosse necessário.

Para surpresa de todos, Sanat Kumara prontificou-se e estudou os campos da Terra para saber que tipos de corpos e problemas deveriam ser utilizados e enfrentados. Sua proposta era imediata e, como ninguém ousava ser-lhe contra, os preparativos iniciaram-se.

Os Kumaras foram escolhidos a partir do ato voluntário de muitos membros, sendo que vários ficaram em Vênus, escoltando e apoiando o governo de Lady Vênus durante sua futura ausência, pois ainda não se sabia quanto tempo seria despendido para tanta ação.

Geograficamente, foi escolhido o Deserto de Gobi, provavelmente devido a seu alto teor telúrico e por ser uma área isolada. Com o nome de Shamballah, foi projetado um local para servir como um centro poderoso de encontros e refazedor entre as encarnações dos Kumaras.

Por existir a Lei do esquecimento na hora do reencarne, foi agraciada aos Kumaras, no momento do primeiro sopro de vida, uma imagem de Shamballah, em seus campos etéricos e subconscientes, com a intenção de serem as lembranças guias de suas vidas a lhes nortearem aquela passagem.

Foram mais de nove séculos de construção e várias mortes provocadas pelas trevas e inimigos da Luz, mas, finalmente, Shamballah estava ancorada na Terra, cópia da Câmara Central de Vênus.

E assim foi estabelecida a primeira leva de seres que amorosamente começaram a se dedicar à evolução e correção da humanidade, ao que se chamou de: "A Fraternidade Branca Universal dos Planetas."

Ao longo das eras, vários seres que saíram por mérito da Roda do Carma, e quiseram aqui permanecer, ingressaram nessa fraternidade, participando e cooperando.

Além de humanos ascensionados e discípulos, participam os Arcanjos, os Elohins, o Conselho Cármico e os Seres Cósmicos.

Os Arcanjos e Arqueias dos 12 Raios e suas imensas Legiões Angélicas prontificaram-se imediatamente a servir ao Chamado Divino, uma vez que o próprio Arcanjo Miguel os havia convocado para restaurar o plano de reintegração da purificação da Santíssima Trindade em todo coração humano ao longo das eras e se apresentou sob diversas formas: Brahma, Shiva e Vishnu; Jesus, Maria e José; Pai, Filho e Espírito Santo; Sol, Lua e Estrelas, etc.

10

Os Raios Solares e Cósmicos

A beleza, a riqueza, a verdadeira santidade, a cura e a elevação do ser, essas nobres virtudes parecem distantes do nosso cotidiano. No entanto, todo ser humano está em processo de Divinização e, mais dia menos dia, alcançará a verdade de seu ser Real, Interno e Cósmico.

A Grande Fraternidade Branca Universal dos Planetas, a Confederação Intergaláctica e a Grande Hierarquia Cósmica não têm medido esforços no sentido de reorientar e redirecionar as espécies de qualquer Planeta e de qualquer Espaço.

É graças a este esforço contínuo e inesgotável que seguimos um rumo menos desastroso e de melhor qualidade.

A Hoste Ascensionada empenhou-se, especialmente no século 21, em promover e divulgar o conhecimento dos Raios, a fim de que as virtudes e qualidades da nossa humanidade tivessem a oportunidade de serem despertadas, regadas e cultivadas, quando não redirecionadas, a fim de que o perdão prevaleça sobre sentimentos baixos de ódio, raiva e vingança.

É claro que, no sentido mais esotérico da questão, isso é um trabalho particular e interno, mas a hierarquia investiu forte no Sagrado Cristo Interno de todo ser responsável e crente em sua própria evolução. No sentido mais exotérico, são sementes plantadas para os que viverão talvez em outros orbes e tempos.

No momento podemos afirmar que os Raios são verdadeiros condutores de potências energéticas e distribuidores de forças. Aprender sobre eles é como usar uma Bíblia e usufruir do seu verdadeiro significado. É melhorar o caráter da personalidade, é dar cura ao ego alquebrado, é se permitir experimentar ser quem SE É!

Errando e tentando.

Muitas vezes, ao longo do meu estudo e trabalho com os Raios, permiti-me brincar com os Mestres, os Arcanjos e os Elohins. Só recebi graças e conforto. Nos momentos difíceis, recebi colo e consolo. Por isso, resolvi compartilhar o conhecimento alcançado, fruto das experiências de canalização. Não havia mais como explicar. Só fazendo.

Os Raios se tornam a bússola orientadora que nos indica o próximo passo a ser desenvolvido com a maior atenção e cuidado. Como posso melhorar a mim mesma? Como posso ser a rosa exalante do mais nobre perfume, que cura a alma do meu próximo mais próximo além de mim mesma? Aprenda, exercite os Raios. Muitas surpresas vão lhe acontecer!

Oração Inicial de Amor Real

Bem-amada presença do Eu Sou em mim,
Bem-amado Cristo Interno,
Bem-amado meu eu superior expandido
Bem-amado corpo causal e ser de fogo branco.

Eu peço de todo coração, do fundo da minha alma, onde habita a Centelha Divina de meus Deuses Pai e Mãe:

Fazei-me resplandecer e refletir somente a beleza do Cosmos na minha carne e no meu ser, na minha carne e nos meus genes, no meu sangue e código genético DNA/RNA;

Que a Luz Solar seja brilhante na minha aura,
Dourando-a de paz e o conforto, lembrando-me da minha verdadeira identidade Solar e origem Divina;

Que o aroma e a beleza das flores sejam a leveza do meu espírito encarnado, relembrando-me da minha verdadeira missão de perfumar, curar e embelezar espíritos na minha passagem na Terra;

Que as respostas do meu Eu interior sejam claras, audíveis e inteligíveis, para que eu possa aplicá-las imediatamente e evoluir de acordo com as minhas necessidades e as dos meus semelhantes.

Que assim seja, meu amado EU SOU! *(3 vezes)*

Com as revelações dos Raios Sutis, que são a expansão e o crescimento do nosso ser e do nosso Planeta nos níveis do Sistema Solar, saímos do pequeno eu, para o Grandioso Corpo de Luz Sideral de Deus/Deusa.

Para isso, instrumentos valiosos também são colocados à disposição da humanidade como enriquecimento do nosso sistema planetário, humanitário, angélico, dévico, animal, vegetal e mineral, como o Poderoso Disco Solar no Lago Titicaca e a Rede de Cristal Planetária da bem-amada Luella, sua zeladora, ambos reativados para o cumprimento de suas funções.

O Disco Solar complementado de todas as forças dos 12 Raios, adicionado de 12 Templos Solares, 12 Signos, 12 Retiros Planetários, 12 Regentes Condutores destas forças, justamente no Foco Planetário de ativação do Raio Feminino do Planeta Terra, em perfeita unidade, expansão e irradiação com as Rede de Cristal Planetária e Intergaláctica, movimentam um fluxo de energias, forças e vibrações inigualáveis, cosmicamente falando, e também a evolução, a continuação e a verdade Cósmica Universal.

Ao canalizarmos as energias dos 12 Raios por meio do Disco Solar, nós nos dirigimos aos Retiros Planetários e seus Hierofantes, que atuam como focos e canais de luz, enquanto nós, como Portadores da Luz, atuamos como retransmissores, ancoradores e dispensadores irradiantes.

Para uma melhor compreensão, antes de entrarmos no trabalho específico de cada Raio, vamos falar do Disco Solar, pois a ele estaremos recorrendo o tempo todo.

11

Entrega do Disco Solar à Humanidade

De 7 a 14 de outubro de 1992, instalou-se no Planeta Terra, no Lago Titicaca, na Bolívia, durante a Conferência Anual do Grupo Avatar Global, a Nova Realidade – Uma mais alta Ordem do Ser – a Emergente Presença Crística Planetária.

Eu Sou a ressurreição e a vida do Disco Solar Divinamente manifestado na humanidade.

A forma-pensamento para a sustentação e irradiação dessa energia foi uma Ígnea Rosada equilibrada dentro de um Sol dourado-cintilante, revestida com radiantes vestes da Presença Solar. A humanidade emergiu do seu centro-coração de amor iluminado.

Vejamos, aqui, as atividades desse período:

- 7 DE OUTUBRO: dia dedicado à amada Mestra Nada, pelo seu suporte ao Deus e Deusa Meru – Guardiões do Raio Feminino ali ancorado, e à veladora silenciosa da região, a amada Illumini.

- 8 DE OUTUBRO: celebrou-se aqui a unidade com o amado Anjo Micah e com a nossa Presença Crística Planetária.

- 9 DE OUTUBRO: dia dedicado aos Elohins, Construtores das Formas, alinhadas com os seus Momentuns de Criação Perfeita para ancoragem física do Disco Solar dentro da espinha dorsal do Planeta, reconectando a humanidade à Presença Solar.

- **10 DE OUTUBRO**: dia dedicado a Saint Germain e ao Pleno Momentum acumulado de libertação espiritual desde o Sol.

- **11 DE OUTUBRO**: dia dedicado ao Cristo Cósmico, Lord Maitreya, e ao Senhor do Mundo, Lord Gautama, ofertado à humanidade para que ascenda à Montanha da Consciência Divina em direção ao Cume da Iluminação Divina.

- **12 DE OUTUBRO**: dia dedicado ao Deus e Deusa Meru do Sagrado Monte Meru – a humanidade recebe, para sua guarda, o Disco Solar.

- **13 DE OUTUBRO**: dia dedicado à Mestra Nada e ao Espírito Santo, reconhecendo a supremacia do amor incondicional.

- **14 DE OUTUBRO**: dia dedicado ao Guardião da Chama Eterna, o amado Kenich Ahan, à medida que consagramos nossas energias para sermos Guardiões da Custódia Sagrada para este Planeta.

O Disco Solar é um poderoso instrumento físico e espiritual de amor, sabedoria e poder, por reunir em si tantas forças e energias que, harmoniosamente combinadas, funcionam estimulando a evolução da Terra e sua humanidade. É também chamado de "a força Universal de todas as coisas" e já foi muito utilizado na época Atlante; mas, pelo excesso de mau uso do poder e pela ganância na sua manipulação, ele foi desativado, assim como a Rede de Cristal Planetária, que ampliara todas as forças geradas e autossustentadas na época.

O comando do Disco Solar e da Rede de Cristal estava em mãos erradas e, portanto, a Confederação Intergaláctica interferiu, desligando ambos, pois o que estava sendo ampliado naquele momento era o pior quadro energético que se poderia ter.

Na reativação do Disco Solar, primeiro preparou-se o próprio Disco Físico, que está ancorado nas águas do Lago Titicaca, onde se ancora também o Raio Feminino de Deus e Deusa Meru.

Em seguida, o bem-amado Mestre La Morae, Senhor da Harmonia, o sustentou e nutriu com a poderosa força da Harmonia e com toda sua equipe angélica e espiritual, durante três anos consecutivos, antes que fosse colocado à disposição da humanidade.

Assim como a Rede de Cristal da bem-amada Luella, o Disco Solar passou por limpezas gigantescas, por águas cósmicas e cristalinas e trabalhos direcionados de realinhamento com os sóis além dos sóis. Bem-vindos aqueles e aquelas que desejam o raiar de um novo dia e a utilização deste maravilhoso recondutor cósmico e solar!

Mensagem dos Mestres Ascensionados da Grande Fraternidade Branca para o 3º Milênio

A Grande Fraternidade Branca, conhecida pelos Rosa-Cruzes, Maçons, Templários e outros iniciados em outras ordens e sociedades esotéricas, é formada pelos Mestres Ascensionados, pelos Arcanjos, os Elohins, os Anjos e as Grandes Hostes de Luz.

A missão dos Mestres é ajudar a humanidade e toda vida existente no Planeta – valendo-se da sabedoria contida em seus ensinamentos – na evolução e preparação para a chegada da Era da Liberdade, ou seja, a Idade de Ouro.

Os ensinamentos da Fraternidade baseiam-se na criação do Plano Divino, onde a Terra se divide em sete raios cósmicos que representam cada esfera; mais cinco raios sutis que potencializam a criação. Cada um desses raios representa uma atividade e um Mestre ou Mestra, com seus complementos Divinos, que os dirige, acompanhados por uma Grandiosa Hierarquia.

Os Mestres Ascensionados já viveram diversas vezes na Terra, como qualquer um de nós, e, no início do século 21, dedicam-se sobretudo a despertar no homem a consciência do ser Divino da Era de Aquário, que durará 2.000 anos. O seu patrono é o Mestre Saint Germain, que traz a liberdade para toda a vida, humanos, animais, elementais e anjos prisioneiros. Dessa mesma forma, o Mestre Jesus foi o patrono da Era de Peixes por 2.000 anos.

Entre os raios cósmicos, a Chama Violeta é o mais importante, pois trabalhará a nova era, transmutando toda negatividade criada pelos pensamentos, sentimentos, palavras e ações da humanidade, que cobrem de trevas a aura do Planeta. Essa escuridão vem se intensificando, diariamente, com o desespero vindo das almas que tiveram suas vidas abortadas.

Os cinco Raios Sutis não têm dia da semana programado, podendo, portanto, ser trabalhados todos os dias, uma vez que várias falhas da humanidade estão na falta de cumprimento destas virtudes e qualidades.

Os sete primeiros Raios Planetários são os Raios de Precipitação. Ao atingir esses sete Raios, realiza-se a Consciência Crística.

Os cinco Raios seguintes foram ancorados na Terra em 1988: o Oitavo Raio em 8 de agosto, o Nono Raio em 9 de setembro, o Décimo Raio em 10 de outubro, o Décimo primeiro Raio em 11 de novembro e o Décimo segundo Raio em 12 de dezembro.

Quando os sete Raios da Precipitação se reúnem aos cinco Raios, compõem-se os 12 Raios Solares da Consciência Solar. Atributos da Presença – EU SOU.

Mantra dos 12 Raios

EU SOU, EU SOU, EU SOU a rede Crística Global
precipitando esses 12 aspectos da divindade
com o poder de 12 x 12
para o benefício de toda a vida em evolução na Terra.
Em nome de Deus EU SOU.

12

Atualização dos 12 Raios

Bem-vindos à Nova Era! Boa viagem de volta ao lar através dos Raios!

Primeiro Raio: Azul

DIA DA SEMANA: domingo

SIGNO: Leão

DIRETORES: Lord Sírius e Lady Sírius. Ajudam a entrar em contato com o computador central de Sírius, a fim de nos contatar com o Túnel do Tempo – passado, presente e futuro – redirecionando nosso Sistema Solar com o Plano Divino de Criação e da Formatação até atingir o Plano de Perfeição no físico.

QUALIDADES DIVINAS: Fé, Poder, Proteção, Determinação, Ânimo e Coragem.

MENSAGEM: devote seus melhores sentimentos a este Raio, a fim de que não se perca, mas, se houver um desvio, que possa a força do Raio Azul trazê-lo de volta ao caminho da luz. Em suas meditações, apele para o Raio Azul e o Arcanjo Miguel e aproveite para aprimorar seu caráter, seu temperamento e recriar sua melhora.

Segundo Raio: Amarelo-dourado

DIA DA SEMANA: segunda-feira

SIGNO: Câncer

DIRETORES: Mestre Lanto, Mestre Confúcio, Lady Soo Chee e o Mestre Djwal Khul nos iluminam a mente, esclarecendo a alma e acessando o conhecimento espiritual ao nosso SER, corrigindo nossa personalidade com o discernimento, tornando-nos sensíveis, atentos e corretos.

QUALIDADES DIVINAS: Iluminação, Equilíbrio, Paz, Discernimento e Sabedoria.

MENSAGEM: que a Divina Sabedoria e a Iluminação se manifestem, requalificando a energia do seu corpo físico, purificando-o de todas as imperfeições, enviando para todos os seus chacras toda a energia vital. Medite sempre e invoque os mestres e o Arcanjo Jofiel, para que as suas qualidades divinas se manifestem.

Terceiro Raio: Rosa

DIA DA SEMANA: terça-feira

SIGNO: Gêmeos

DIRETORES: Mestra Rowena e Amada Maha Chohan. Transmitem o amor incondicional, a força que sustenta tudo e todas as coisas, ser ou pessoa. Na Terra, amamos e sustentamos muitas coisas com que compactuamos. É hora de escolher ser feliz, belo, educado, cortês, diplomata – consigo mesmo!

QUALIDADES DIVINAS: Amor, Harmonia, Presença da Bênção em Manifestação.

MENSAGEM: que o aprendizado trazido de outras vidas possa ativar a generosidade existente dentro do seu ser, e que a sua personalidade dúbia possa se disciplinar para receber as bênçãos do amor e da gratidão que o libertarão do carma adquirido pelo egoísmo. Busque dentro de si a conexão com o Arcanjo Chamuel, o Raio Rosa e as Mestras que o dirigem, e o amor será uma constante em sua vida.

Quarto Raio: Branco-Cristalino

DIA DA SEMANA: quarta-feira

SIGNO: Touro

DIRETORES: Mestre Seraphis Bey e Ísis. Sustenta a perfeição. Para ser atingida, tem que passar pela pureza. Esta, por sua vez, tem que passar a harmonia pelo conflito. Pense num diamante e siga seu processo de nascimento e existência. Ao se dar este trabalho, você está burilando a sua melhor parte. Do carvão ao diamante e deste ao brilhante. Entregue-se à sua vontade.

QUALIDADES DIVINAS: Pureza, Esperança em Ação, Ressurreição e Plenitude.

MENSAGEM: procure alcançar sua divina determinação pela sabedoria da Lei Divina e estará liberando sua força interior.

Desta forma, entrará em harmonia consigo mesmo e com o seu meio ambiente. Mentalize a dissolução das divergências e transforme tudo em amor, assim, encontrará a plenitude. Atue com o Arcanjo Gabriel e com os Mestres deste Raio e as alegrias serão anunciadas.

Quinto Raio: Verde

DIA DA SEMANA: quinta-feira

SIGNO: Áries

DIRETORES: Mestre Hilarion e Palas Atena. Direcionam a verdade suprema, iluminada e crescente. Temas que se fazem presente de tal forma neste início de milênio, que não há quem não se questione e busque verdadeiras respostas. Ilumine seus passos na Terra a fim de concretizar a sua missão.

QUALIDADES DIVINAS: Verdade Cósmica em Ação, Poder de Cura Autogerada e Dedicação.

MENSAGEM: as pessoas só se dão conta de que devem contatar as Grandes Forças do Universo quando sofrem abalos, desalentos e desassossegos. Para se atingir as metas almejadas é necessário buscar a Verdade Cósmica e a Purificação da Energia Vital, requalificando-a e preparando-a para que a Luz Divina possa iluminar os caminhos que vão ao encontro do objetivo maior. Coloque o seu plano em ação, mentalizando a Luz da Verdade do Ser Cósmico Palas Atena e o poder de cura do Mestre Hilarion e do Arcanjo Rafael.

Sexto Raio: Rubi-dourado

DIA DA SEMANA: sexta-feira

SIGNO: Peixes

DIRETORES: Mestre Jesus e Nada; João, o bem-amado; Salomé e a Mãe de João. Manifestam o serviço aplicado que promove especialmente a cura emocional. Experimente o *momentum* de luz, envolva seu corpo emocional num ovo rubi/dourado e sinta-o enxugar-se. Expanda a Chama Trina como outro ovo de luz no lugar do emocional.

QUALIDADES DIVINAS: Paz e Força para prestar serviços à Vida, Serenidade, Devoção, Desprendimento e Bem-Aventurança de Deus.

MENSAGEM: sua função para o Novo Milênio é colaborar com o Universo, fazendo com que o Plano Divino evolua a curto prazo. Significa que é preciso voltar-se para o desenvolvimento de um trabalho de aprimoramento da humanidade. Fazendo um elo entre as forças do infinito e a Terra, aliviando-a do desespero e das dificuldades emergentes neste início de século, dando lugar à esperança e à justiça suprema. A sua colaboração deve ter como princípio a perfeita fusão entre o homem e Deus: a oração. Conte com a proteção do Arcanjo Uriel para a conclusão do seu Plano Divino.

Sétimo Raio: Violeta

DIA DA SEMANA: sábado

SIGNO: Aquário

DIRETORES: Mestre Saint Germain e Mestra Pórtia; Mãe Manu da 7ª Raça Raiz, alma gêmea de Lord Saithru, e também a própria Manu da 7ª Raça Raiz, companheira de trabalho incansável do bem-amado Mestre Saint Germain e da bem-amada Mãe Kwan Yin. Trabalham sob a insígnia da liberdade nos orientam a nos dirigirmos para o nosso verdadeiro caminho e ao desapego do que ainda nos prende em todos os sentidos.

QUALIDADES DIVINAS: Transmutação, Libertação, Misericórdia, Perdão, Purificação e Poder.

MENSAGEM: somos enviados ao Mundo por uma bênção especial. Trouxemos amor, luz e entusiasmo. No Novo Milênio, contaremos com o amor do Mestre Saint Germain e da Chama Violeta da Libertação. Uma sensação de liberdade se apresentará e fará com que sintamos a assistência de toda a hierarquia do Raio Violeta. Em suas meditações, procure visualizar a Chama Violeta beneficiando toda a humanidade, purificando e transmutando toda a negatividade sobre o Planeta e verá uma Nova Era envolvida em amor, sabedoria e poder em um mundo melhor. Arcanjo Ezequiel.

Oitavo Raio: Turquesa

SIGNO: Capricórnio

DIRETORES: Mestre Solar Kenich Ahan e a bem-amada Serena. Direcionam o princípio espiritual como prioridade e nos move em direção ao Progresso Cósmico. Aqui se descobre isso com clareza, firmeza, honra e dignidade. Sua alma lhe agradece por isso.

QUALIDADES DIVINAS: Clareza, Vivificação, Percepção Divina, Discernimento, Talento, Lucidez, Dignidade, Cortesia e Sabedoria Equilibrada.

MENSAGEM: apadrinhados pelos Mestres desse Raio, o Raio da Claridade, recebem incentivo para atividades de luz interior com radiações água-marinha, que levam ao crescimento e ao progresso espiritual através da clareza Divina. Medite sempre e mentalize os Arcanjos Aquariel e Claridade, e verá como tudo fica transparente e muitas oportunidades lhe serão abertas.

Nono Raio: Magenta

SIGNO: Sagitário

DIRETORES: Senhora Magnus e La Morae. Manifestam a integridade total do ser promovendo seu centro e seu eixo de Céu e Terra.

QUALIDADES DIVINAS: Harmonia, Equilíbrio, Segurança, Entusiasmo, Estímulo, Restauração e Ressurgimento.

MENSAGEM: pessoas nascidas sob este signo devem aprender a sentir a vida por meio do próprio corpo, a dádiva do equilíbrio perfeito, recebida ao nascer. Muitas vezes, esse equilíbrio é alterado pelas más influências espalhadas na Terra. A Chama Magenta faz com que o eixo vertebral do corpo seja retificado e ande na Terra, manifestando o Plano Divino e o Poder da Energia Fluídica, que expande e manifesta-se na aura por meio de vibrações positivas. Meditar e afirmar sempre: "Que a energia do Equilíbrio e do Arcanjos Anthriel e Harmonia possam envolver a mim, ao Planeta Terra e a humanidade com a Chama da Graça Divina".

Décimo Raio: Dourado-Solar

SIGNO: Escorpião

DIRETORES: Deusa Alexa e Deus Ouro. Promovem a consolidação na renovação dos votos da Paz Solar; encontramos a verdadeira prosperidade, o consolo cósmico, sem meias medidas.

QUALIDADES DIVINAS: Paz Eterna, Conforto, Pureza, Calma Interior, Opulência, Abundância, Prosperidade e Suprimento Divino.

MENSAGEM: a prosperidade só é notada quando transformamos nossa forma de vida. Neste momento, sentimos a necessidade de nos requalificar para evitar processos cármicos. Precisamos estar atentos a este detalhe, principalmente quando se trata das finanças, pois qualquer energia parada pode fazer com que o dinheiro não se aproxime de nós. É preciso estarmos atentos e nos empenharmos por meio de reflexões e meditações, pois o silêncio nos ajuda a enxergar o que estamos vendo. Além dos Mestres que dirigem este Raio, é importante apelarmos para a ajuda dos Arcanjos Valeoel e Paz.

Décimo Primeiro Raio: Pêssego/Laranja

SIGNO: Libra

DIRETORES: Mestre El Morya e Lady Miriam. Nos ajudam a reatar com o nosso propósito Divino, com alegria e com entrega. Portanto, a verdade cada vez mais se manifestará.

QUALIDADES DIVINAS: Alegria, Entusiasmo, Eternidade, Serviço Desinteressado, Felicidade, Vitória, Liberdade e Libertação Espiritual.

MENSAGEM: o aquariano neste Milênio estará sob a proteção do Raio Pêssego, conhecido como o Raio do Milagre, o que sugere que as energias cósmicas estarão presentes e um grande milagre acontecerá na sua vida. Mas para que tudo ocorra de acordo com o Plano Divino, é preciso conscientização do que você realmente quer da vida. Descubra isso e canalize o seu propósito de vida. Em suas meditações, visualize, harmonize e verbalize, promovendo em si um equilíbrio perfeito. Busque a ajuda dos Arcanjos Perpetiel e Alegria e dos Mestres dirigentes do Raio que o apadrinhou e aguarde o grande milagre.

Décimo Segundo Raio: Opalino

SIGNO: Virgem

DIRETORES: Lord Gautama e a bem-amada consciência Divina, que nos ajuda a concluir. Concluindo os objetivos e metas vitoriosamente a complementação poderá acontecer. A consciência iluminada busca um novo começo, uma Nova Era Dourada – não há o que temer. A compreensão se manifestou e a própria humanidade deseja esta totalidade Divina do Ser.

QUALIDADES DIVINAS: Transformação, Complementação, Renascimento e Rejuvenescimento.

MENSAGEM: este Raio se identifica com a pedra Opala multicor, simbolizando os Raios do Sol. Ele rege a Consciência Divina para toda a humanidade do Planeta Terra e representa o 12º Aspecto de Deus, o poder de síntese dos 12 Raios em uma manifestação perfeita da Divina Transformação. O nativo de Peixes fecha a espiral do Disco Solar com o 12º Raio, cuja função é a manifestação perfeita da transformação Divina, e entra na Era de Aquário, com solidez e segurança da completa Presença Cósmica do Eu Sou.

13

Invocação aos Chohans dos 12 Raios

Eu Sou a Poderosa Atuação do Raio Azul do amado Lord Sírius, carregando a nós, o Planeta Terra e toda humanidade com as qualidades de Fé Iluminada e do Poder Divino.

Eu Sou a Poderosa Atuação do Raio Amarelo-dourado da amada Lady Sôo Shee, preenchendo a nós, o Planeta Terra e toda a humanidade com a Chama da Iluminação e da Sabedoria Divina.

Eu Sou a Poderosa Atuação do Raio Rosa da amada Mestra Ascensionada Rowena, preenchendo a nós, o Planeta Terra e toda a humanidade com a Chama do Amor Cósmico Incondicional e Adoração Divina.

Eu Sou a Poderosa Atuação do Raio Azul Branco Cristalino do amado Mestre Ascensionado Seraphis Bey, preenchendo a nós, o Planeta Terra e toda a humanidade com as Chamas Cósmicas da Pureza, Esperança, Força e Ascensão.

Eu Sou a Poderosa Atuação do Raio Verde do amado Mestre Ascensionado Hilarion, carregando a nós, o Planeta Terra e toda a humanidade com a Chama da Verdade Divina, Cura e Consagração.

Eu Sou a Poderosa Atuação do Raio Rubi e Dourado do Mestre Ascensionado João, o bem-amado, preenchendo a nós, o Planeta Terra e toda humanidade com a Chama da Paz Cósmica, Cura, Graça Divina e do Sagrado Ministério.

Eu Sou a Poderosa Atuação do Raio Violeta da amada Lady Mercedes, Mãe Manu da 7ª Raça, carregando a nós, o Planeta Terra e toda a humanidade com o Poder Transmutador, Libertador e Transfigurador do Fogo Violeta e envolvendo toda a Terra com o Manto Sagrado da Chama da Misericórdia Divina.

Eu Sou a Poderosa Atuação do Raio Turquesa com Água-Marinha do amado Mestre Solar Kenich-Ahan, preenchendo a nós, o Planeta Terra e a humanidade com a Força do Crescimento Cósmico, Progresso Espiritual e Clareza Divina.

Eu Sou a Poderosa Atuação do Raio Magenta da amada Sra. Magnus, envolvendo a nós, o Planeta Terra e toda a humanidade com a Chama da Graça, Harmonia, Transformação e Equilíbrio Solar Perfeito.

Eu Sou a Poderosa Atuação do Raio Dourado da amada Deusa Alexa, carregando a nós, o Planeta Terra e toda a humanidade com as Chamas da Pureza, Coragem Divina, Conforto e Paz Solares.

Eu Sou a Poderosa Atuação do Raio Pêssego do amado Mestre Ascensionado El Morya, preenchendo a nós, o Planeta Terra e toda a humanidade, com a Chama da Eternidade e Propósitos Divinos.

Eu Sou a Poderosa Atuação do Raio Opalino do amado Lord Gautama, Senhor do Mundo, envolvendo a nós, o Planeta Terra e a toda humanidade com a Chama da Complementação Solar e Transformação Divina.

14

Poderosa Invocação dos Arcanjos dos 12 Raios

Eu Sou a Poderosa Presença de Deus/Deusa em unidade plena com todos os Seres de Luz do Grupo Avatar Global, invocando a Poderosa interatuação entre Gênios, Arcanjos e humanidade em perfeita sincronia e sinergético serviço enquanto afirmamos.

Eu sou a Poderosa atuação dos amados Arcanjos Miguel, Fé e os anjos da Primeira Esfera, envolvendo *(escolher uma das alternativas a seguir)* com a Chama Azul da proteção e da fé no poder total de Deus/Deusa.

Eu sou a Poderosa atuação dos amados Arcanjos Jofiel e Constância e os anjos da Segunda Esfera, preenchendo *(escolher uma das alternativas a seguir)* com a Chama Amarelo-Dourada da iluminação, do entendimento e da constância no serviço à luz.

Eu Sou a Poderosa atuação dos amados Arcanjos Samuel e Caridade e os anjos da Terceira Esfera, envolvendo *(escolher uma das alternativas a seguir)* com a Chama Rosa do amor Divino e adoração.

Eu Sou a Poderosa atuação dos amados anjos Gabriel e Esperança e os anjos da Quarta Esfera, carregando *(escolher uma das alternativas a seguir)* com a Chama Azul, Branco-Cristalina da pureza e esperança e o vigor da Chama Madrepérola da ressurreição e ascensão.

Eu Sou a Poderosa atuação dos amados Arcanjos Uriel e Donna Graça e os anjos da Sexta Esfera, preenchendo *(escolher uma das alternativas a seguir)* com a Chama Rubi Dourada da paz, da cura e da verdade Divina.

Eu Sou a Poderosa atuação dos amados Arcanjos Ezequiel e Santa Ametista e os anjos da Sétima Esfera, preenchendo *(escolher uma das alternativas a seguir)* com o poder libertador, transmutador do Fogo Violeta.

Eu Sou a Poderosa atuação dos amados Arcanjos Aquariel e Claridade e os anjos da Oitava Esfera, carregando *(escolher uma das alternativas a seguir)* com a Chama Turquesa com radiações água-marinha, do crescimento, progresso espiritual e clareza Divina.

Eu Sou a Poderosa atuação dos amados Arcanjos Anthriel e Harmonia e os anjos da Nona Esfera, carregando *(escolher uma das alternativas a seguir)* com a Chama Magenta da harmonia, equilíbrio solar e da transformação da humanidade na graça Divina.

Eu Sou a Poderosa atuação dos amados Arcanjos Valeoel e Paz e os anjos da Décima Esfera, preenchendo *(escolher uma das alternativas a seguir)* com a Chama Dourada do conforto e paz solares, pureza e coragem divinas.

Eu Sou a Poderosa atuação dos amados Arcanjos Perpetiel e Alegria e os anjos da Décima Primeira Esfera, carregando *(escolher uma das alternativas a seguir)* com a Chama Pêssego da eternidade, entusiasmo e propósito Divino.

Eu Sou a Poderosa atuação dos amados Arcanjos Omniel e Opalescência e os anjos da Décima Segunda Esfera, carregando *(escolher uma das alternativas a seguir)* com a Chama Opalina da transformação solar e complementação Divina.

Em nome da Grande Fraternidade Universal, que se estabeleça para o sempre a unidade, a paz e a perfeita interação e serviço entre homens, elementais e anjos, na elevação da Taça Sagrada da Luz deste Planeta, para Glória Eterna do Grande EU SOU...

Sugerimos escolher uma alternativa a seguir:

- A nós, o Planeta Terra e toda humanidade.
- A nós, todas as crianças e jovens do Planeta.
- A nós, todos os governos, seus governantes, raças, povos e nações do Planeta.
- A nós e todos os Servidores da Luz.
- A este Santuário de Luz e todos os Santuários espalhados pelo Planeta.
- A nós, nossos lares, nossos familiares, nossos entes queridos e a toda humanidade.
- A nós, todos os animais, elementais, natureza e todos os seres que evoluem neste Planeta, etc.

Presto minha singela homenagem aos Elohins e Elohas que trabalham incessantemente sobre toda Criação, incansavelmente e voluntariamente, cumprindo desígnios Divinos e evoluindo na Natureza da Terra, cósmica e galáctica, mas conosco e dentro de nós...

15

Poderosa Invocação dos Elohins e Elohas dos 12 Raios

Eu Sou a Poderosa Presença de Deus/Deusa em unidade plena com todos os Seres de Luz do Grupo Avatar Global, invocando a Poderosa interatuação entre a humanidade, Elohins, Devas e Elementais, em perfeita sincronia e sinergético serviço enquanto afirmamos: Eu Sou a Poderosa atuação dos amados Elohim Hércules e Eloha Amazon e os Poderosos Devas do 1º Raio, envolvendo-me com a Chama Azul da proteção, coragem e confiança inabalável da força da fé a mim e a toda humanidade.

Eu Sou a Poderosa atuação dos amados Elohim e Eloha Minerva e Cassiopeia e os iluminados Devas do 2º Raio, preenchendo-me com a Chama Amarelo-Dourada do discernimento e intuição precisa no serviço à luz e a toda humanidade.

Eu Sou a Poderosa atuação dos amados Elohim e Eloha Órion e Angélica e os amorosos Devas do 3º Raio, envolvendo-me com a Chama Rosa do amor, gratidão e reverência a toda vida.

Eu Sou a Poderosa atuação dos amados Elohim e Eloha Claire e Astréa e os transparentes Devas do 4º Raio, carregando-me com a Chama Azul, Branco-Cristalina da ascensão absoluta com pureza cristalina e todos os seres da Criação.

Eu Sou a Poderosa atuação dos amados Elohim e Eloha Vista e Cristal e os dedicados Devas do 5º Raio, carregando-me com a Chama Verde da dedicação contínua à verdade focada, que cura toda humanidade.

Eu Sou a Poderosa atuação dos amados Elohim e Eloha Tranqui-litas e Pacífica e os Devas prestadores de todo tipo de culto ou Serviço do 6º Raio, preenchendo-me com a Chama Rubi-Dou-rada do ministério do serviço prestado à paz e à cura emocional de toda humanidade e vida elemental.

Eu Sou a Poderosa atuação dos amados Elohim e Eloha Arcturus e Diana e os Devas transmutadores, libertadores e purificadores do 7º Raio, preenchendo-me com o poder libertador, transmu-tador e purificador do Fogo Violeta, a toda vida existente no Planeta Terra.

Eu Sou a Poderosa atuação dos amados Elohim e Eloha Príncipa e Princípio e Devas da Ordem Divina Solar do 8º Raio, carre-gando-me com a Chama Turquesa crescimento, com ordem e progresso espiritual, dignidade, honra e majestade real.

Eu Sou a Poderosa atuação dos amados Elohim e Eloha Energia e Matéria e todos os Elementais e substâncias da qual fazem parte o 9º Raio, carregando-me com a Chama Magenta da harmonia, equilíbrio solar, integridade e da transformação da humanidade na Graça Divina.

Eu Sou a Poderosa atuação dos amados Elohim e Eloha Luz e Esplendor e todas as forças internas ressurgindo do 10º Raio, pre-enchendo-me com a Chama Dourada do conforto e da paz solares, pureza, prosperidade e coragem divinas em toda humanidade.

Eu Sou a Poderosa atuação dos amados Elohins e Elohas Elétron e Electra, Átomo e Átma e tudo que é parte da Criação e pulsa vibrante nos próprios Elohins em nós do 11º Raio, carregando-nos com a Chama Pêssego da eternidade, entusiasmo e propósito Divino.

Eu Sou a Poderosa atuação dos amados Elohins e Elohas Célula e Celularium, Molécula e Moléculum e tudo que é e tudo que existe e se manifesta no nosso Plano Divino do 12º Raio, carregando-nos com a Chama Opalina da transformação solar e complementação Divina, e vitória da transfiguração humana em solar.

16

O Poder de Decretar

Summit Lighthouse

O Alento Sagrado está na palavra falada e é o poder Criativo de Deus, que modela a partir da substância Luz Universal, as formas correspondentes ao padrão da expressão falada, correlatos de pessoas, lugares, condições ou coisas.

Durante anos, a consciência da maioria dos indivíduos foi carregada com imperfeição, resultante do mau uso da Energia de Deus na linguagem, criando, assim, muitas formas distorcidas que são mantidas vivas pela mesma energia que as criou. Da mesma forma, se as palavras faladas são doadoras de paz e harmoniosas em sua expressão, a consciência se ilumina com a Luz da Divindade e, então, o indivíduo se converte em uma Presença confortadora para toda a vida a seu redor.

Por isso, os decretos foram apresentados ao intelecto do homem para equilibrar o mau uso da palavra falada e os modelos de pensamentos imperfeitos, criados durante muitas centenas de encarnações. Para romper essas formas distorcidas, é necessário usar a energia que vibra na mesma gama vibratória, porém, qualificada construtivamente. Em outras palavras, uma forma criada pelo mau uso da fala tem que ser refeita por uma ação vibratória do uso correto da palavra falada.

Um decreto construtivo é sempre uma invocação a Deus, seja à legião dos Mestres Ascensionados, seja à própria Presença EU SOU, que se converte num modelo que os Mestres Ascensionados, ou a própria Presença Crística, podem preencher com sua Substância de Luz Eletrônica, criando, assim, uma vibração pulsante na consciência exterior.

Quando um decreto é feito em nome de Deus EU SOU, esse decreto vive eternamente, porque está sustentado por algum ser Divino, por um anjo, querubim, serafim ou elemental; e esses seres o usam e o manifestam numa forma viva e pulsante, para benefício de toda raça. Quando um grupo de indivíduos se reúne com o propósito sincero de ajudar a humanidade e faz qualquer tipo de decreto construtivo ou visualização, a esse grupo são enviados anjos e devas específicos. Esses Seres de Luz, assim invocados, sentem-se tão felizes pela liberação dessas energias, que as mantêm sustentadas e constantemente ativas, mesmo muito tempo depois que os próprios indivíduos se esqueceram de que fizeram os decretos.

Quando um decreto é repetido três vezes, significa que a consciência externa do ser físico, a consciência do Sagrado Cristo Interno e a Onipotente Consciência de Deus Interno (a Presença EU SOU) estão unidas num só acordo para trazer a mesma manifestação à ação.

A atividade de decretar para nós mesmos, para a humanidade e para a vida em geral, é uma imensa oportunidade para a manifestação do amor misericordioso de Deus; torna possível o cumprimento das promessas Divinas, porque está de acordo com sua própria Grande Lei.

A gratidão por tal oportunidade é a porta aberta para que mais bênção possa entrar na vida diária de cada um, e a vida por si mesma abençoará e agradecerá àqueles que a amem o suficiente para decretá-la livre!

Decretos atraem o descenso da Luz, a atenção de um Ser Divino e a assistência da Legião Angélica e Dévica. Equilibram o mau uso da palavra falada com o uso construtivo do Verbo Divino em ação. Direcionam a correspondente virtude ou dádiva para a pessoa, situação, lugar ou coisa. Elevam a gama vibratória dos átomos e ajudam a consciência externa a focalizar a atenção na solução do problema e mantêm o ritmo e a clareza das demandas à Luz.

17

Decretos, Visualizações e Afirmações

*Ponte para a Liberdade
e Grupo Avatar Global*

Decreto ao Sagrado Cristo Interno

Amado Sagrado Cristo Interno EU SOU
Em meu coração, eu vos amo e vos adoro!

Apelo à Chama Dourada do Amor e
Iluminação do CRISTO CÓSMICO
para envolver-me e a toda partícula de vida
com a qual eu entrar em contato.

EU SOU a iluminação e a sabedoria Divina
que me guia em tudo o que eu faço.
Eu abençoo tudo o que toco.

EU SOU consciente de que em meu corpo físico
vive a Chama da cura que me restaura
e purifica de toda imperfeição.

EU SOU consciente de que em meu corpo físico
vive o infinito Poder do suprimento
para qualquer exigência e necessidade.

EU SOU consciente de que em meu corpo físico vive a iluminação de minha consciência externa.

EU SOU consciente de que existe somente uma força, um poder: Deus em meu coração.

E que esta força atue na medida da fé que nela ponho. Portanto, manifestai-vos, Sagrado Cristo Interno em meu coração. Deixai que se cumpra o vosso Plano Divino em mim agora!

Uno com a Mente Divina (Visualização e Decreto)

Visualização

Visualize o coração e a mente de Deus/Deusa como um resplandecente Sol, com Raios de Luz saindo diretamente de seu centro, dentro do coração de cada membro da raça humana. Sinta esta Luz Universal como a vida e a inteligência de cada homem, mulher e criança. Permaneça tranquilo até que a consciência da fraternidade Universal penetre em seus sentimentos. Então, visualize esta Luz elevando-se do coração à cabeça, fazendo com que toda a área da cabeça seja um Sol em miniatura. Veja cada ser como uma expansiva auréola de Luz em volta da área da cabeça, uma sucessão de elétrons movendo-se rapidamente, conectando a mente humana com a Divina. Olhe novamente a mente de Deus/Deusa, veja os impulsos da direção Divina elevarem-se dentro dessa mente e viajarem ao longo do Raio dentro da consciência intelectual do homem, restaurando cada um de acordo com suas específicas necessidades (pausa).

Decreto

EU SOU consciente e constantemente conectado com a Mente Universal de Deus/Deusa e EU SOU sob o controle de Meu Pai e Mãe!

EU SOU criando, através de minha inteligência Divina, condições perfeitas de paz, harmonia e suprimento em meu mundo e em volta dele!

EU SOU recebendo a Luz pura de Deus/Deusa, que agora também se expande dentro da mente, cérebro e consciência de toda a humanidade, curando, purificando e iluminando todas as nossas faculdades, sentidos e órgãos!

EU SOU consciente somente da vontade de Deus/Deusa, manifestando-se através da consciente cooperação de todas as pessoas que estejam em posição de responsabilidade e autoridade, todas agora trabalham juntas, em harmonia, a fim de produzirem um mundo de paz e de progresso!

Pelo poder da mente Divina.

Assim seja! Amado EU SOU.

O Centro de Meu Universo

O Centro do Universo de cada um é a Chama Sagrada, acredito que haja vida no coração. Neste contexto, Universo é cada pessoa, lugar, condição ou objeto em nossa vida, consciente ou inconscientemente, no passado ou no presente, através da livre escolha ou obrigações cármicas.

Dentro de nossa chama-coração podemos amar nosso Universo livre de todas as energias inferiores e, por conseguinte, tornar a nós próprios livres, assim como ajudar no progresso de todos os outros "pontos" de nosso Universo.

Esta visualização e afirmação é para abrir o canal para o controle de nosso mundo pela Força Cósmica do Amor (que flui através de Chamas Trinas em nossos corações) em vez de sermos vítimas das circunstâncias em nosso mundo, em nosso Universo.

Visualização

Visualize-se no centro de seu Universo, com cada pessoa, lugar, condição ou coisa em uma órbita em volta da chama-coração. Alguns perto, outros a grande distância.

Visualize cada um recebendo um Raio de Luz desde a Chama do amor em seu coração. Em todos esses casos, o amor é uma força maior do que a energia dessa pessoa, lugar, condição ou coisa. Sinta essa atividade de amorosa libertação em cada ponto de seu Universo, desde seu centro, a chama-coração do amor.

Agora, permanecendo nesse estado de consciência, vamos fazer esta afirmação juntos e vagarosamente:

EU SOU o centro de meu Universo! *(3 vezes + pausa)*

EU SOU a força do amor em todos esses pontos! *(3 vezes + pausa)*

EU SOU a completa mestria do amor sobre toda vibração menor que ela mesma! *(repetir 3 vezes + pausa)*

EU SOU Livre – EU SOU Livre – EU SOU Livre. Eternamente! Assim seja! Poderoso EU SOU.

Afirmação da Unidade

Amado Micah, Anjo Guardião do Raio
da Unidade Indivisível desde nossos Deuses Pais:
RESPLANDECEI! RESPLANDECEI! RESPLANDECEI!

A Luz Azul-clara de vossa Estrela Cósmica da Unidade
através de nós, de todos os servidores da Senda da Luz,
de todas as religiões, governos, raças e culturas,
até que todos possam experimentar a herança comum
da Unidade Espiritual da vida e da Luz de Deus.

EU SOU a ressurreição e a vida da unidade
da família espiritual humana *(repetir 3 vezes)*.

Assim seja, amado EU SOU.

Perdão e Purificação do Elemento Terra

EU SOU *(repetir 3 vezes)* a Lei do Perdão e da Chama Violeta transmutadora dos Mestres Ascensionados.

Para todo mau uso das dádivas da Terra, para todos os abusos infligidos consciente ou inconscientemente aos gnomos
e aos espíritos da natureza, por nós mesmos
e por toda a humanidade.

Poderosa Presença Divina EU SOU,
Amada Virgo e amada Elohim Astréa,
encerrai todo o desequilíbrio causado pelas rebeliões
e ressentimentos dos seres elementais da Terra
para com a humanidade em vosso Círculo Cósmico
e Espada de Chama Azul e transmutai *(3 vezes)*
tudo isso em amorosa e confiante cooperação
entre os gnomos e a humanidade.

Afastai da humanidade a cupidez e o mau uso do solo,
plantas, minas, depósitos montanhosos
e de todas as dádivas do elemento Terra,
para propósitos destruidores, dissolvei toda ganância e
egoísmo e transmutai em amor impessoal.

Libertai *(repetir 3 vezes)* todos os espíritos da natureza
e os seres elementais da Terra das influências destruidoras
da humanidade e da lembrança de tal associação.

Nós aceitamos esta chamada realizada
no sagrado nome de Deus EU SOU.

Bênção ao Elemento Terra

Amada Presença Divina EU SOU em nós e em toda a humanidade, amados Virgo e Pelleur, nós vos amamos, abençoamos e agradecemos; nós abençoamos todos os gnomos e seres elementais da Terra, que são vossos mensageiros, e que cada átomo de terra neste Planeta seja transformado pela Chama Violeta Transmutadora até que o próprio Planeta se transforme na Sagrada Estrela da Liberdade.

Assim o aceitamos, amado EU SOU.

Gratidão aos Quatro Elementos

Poderosa e vitoriosa Presença de Deus EU SOU,
amado Saint Germain e Pórtia,
amado Oromasis e todos os Grandes Seres,
Poderes e Legiões da Luz que servem no 7º Raio.

SELAI *(repetir 3 vezes)* em um oval brilhante
de pura Luz de Fogo Violeta a cada salamandra.

SELAI *(repetir 3 vezes)* em um oval brilhante
de pura luz de Fogo Violeta a cada sílfide.

SELAI *(repetir 3 vezes)* em um oval brilhante
de pura Luz de Fogo Violeta a cada gnomo.

Executai este decreto, mantende-os livres
de toda discórdia humana instantaneamente.

Enviamos nosso eterno amor e gratidão *(3 vezes)*
a todos os seres elementais do Fogo, Ar, Água e Terra
e aos Grandes Seres que dirigem suas atividades.

Assim seja!

Amado EU SOU – Amado EU SOU – Amado EU SOU.

Libertação para o Reino Elemental

Amada Presença Divina EU SOU, Amado Arcanjo Miguel e vossas Legiões de Luz, Vinde *(3 vezes)* com o pleno poder da vossa espada de Chama Azul, purificai *(3 vezes)* e livrai *(3 vezes)* o reino elemental da obrigação de servir aos destrutivos propósitos do homem.

Que não alonguem, consciente ou inconscientemente a propagação de desarmonias e doenças no Planeta Terra, através dos quatro veículos inferiores do homem.

Nós aceitamos a realização deste chamado à Luz, Amado Miguel, Amado EU SOU.

Fortalecendo os Quatro Elementos

Em nome de Deus EU SOU e pelo poder e autoridade de três vezes três com o qual estamos investidos, invocamos os amados diretores dos quatro elementos:

Hélios e Vesta; Thor e Áries; Netuno e Lunara; Pelleur e Virgo, o amado Arcanjo Miguel, a amada Eloha Astréa e a todas as suas Legiões de proteção e de pureza cósmica para que dissolvam, transformem e libertem toda substância, energia e vibração não construtivas acumuladas na Terra.

Muito amada Astréa, cercai com vosso Círculo e Espada de Chama Azul, as forças da Natureza neste Planeta, especialmente no Brasil, e libertai-as de tudo que não seja Luz.

Carregai *(3 vezes)* com a Força Cósmica do Grande Sol Central e o Propósito Divino as amadas salamandras e salamandrinas.

Carregai *(3 vezes)* com a Força Cósmica do Grande Sol Central e o Propósito Divino os amados silfos e sílfides.

Carregai *(3 vezes)* com a Força Cósmica do Grande Sol Central e o Propósito Divino as amadas ondinas e tritões.

Carregai *(3 vezes)* com a Força Cósmica do Grande Sol Central e o Propósito Divino os amados gnomos e gnominas.

Faça-se! Cumpra-se! Manifeste-se!

Muito amado EU SOU.

Gratidão ao Elemental do Corpo

Com pleno poder e autoridade da amada Presença de Deus EU SOU e em nome do nosso amado Maha Chohan e da Fraternidade de elementais e homens, envio amorosa gratidão e profundo reconhecimento ao elemental do meu corpo.

Meu amigo elemental altamente desenvolvido, que dirige a manutenção de meu corpo físico.

Envio também amorosa gratidão e reconhecimento aos elementais de todos os corpos humanos.

Invoco as bênçãos de Deus para fluírem através do meu ser elemental e os de toda a humanidade AGORA mesmo – com a plenitude do poder cósmico sempre se expandindo, até que o amor, a paz, o conforto, a misericórdia e a saúde Divina manifestem-se fisicamente em toda humanidade.

Que assim seja!

No mais sagrado nome de Deus, EU SOU.

Gratidão à Presença

Amada e poderosa Presença Divina EU SOU e sagrado Cristo Interno que pulsais dentro da Chama Trina da eterna verdade em meu coração, dou-vos graças por vossa Presença e pela dádiva de vossa vida em mim, vigiai para que eu a use neste dia e sempre, somente para expandir vossas bênçãos a todos que cruzarem meu caminho.

E fazei que cada pessoa, lugar, condição e cada coisa que eu contate neste dia seja mais feliz e mais livre por isso.

Conscientemente, aceito isso realizado agora mesmo e pleno de poder.

Amado EU SOU – Amado EU SOU – Amado EU SOU.

Reconhecimento da Presença Divina

Amada e poderosa Presença EU SOU
Eis-me aqui... uma projeção vossa.
Glorificai-vos em mim.

Na projeção de vossa maravilhosa perfeição
e poderosa inteligência diretiva.

Fazei com que este corpo resplandeça
com a vossa perfeita saúde e vigor.

Fazei com que esta mente e corpo resplandeçam
com a plenitude de vossa saúde e energia,
com a vossa substância luminosa,
invocada desde a estrela do amor.

Que não pode ser requalificada pelo sentimento humano.

Carregai-me... minha mente, corpo e mundo,
Com a plenitude de vossa substância luminosa,

E fazei com que a inteligência que vós sois,
Ó Poderoso EU SOU,

Atue em meu mundo e produza vossa perfeição
e mantenha vosso domínio aí.

Que assim seja!

Prosperidade Solar

Como EU SOU esse EU SOU agora retornado à Terra,
reconheço-me uno com o Fogo Solar de Deus Pai-Mãe.

EU SOU presente em sua ilimitada esfera de prosperidade,
beleza e suprimento sem fim, de todos os bens e coisas perfeitas,
requeridas para cumprir meu plano Divino e manter
a segurança, felicidade, alegria e paz em minha vida.

Ergo-me ante o Trono de Deus,
expandindo minha Presença Solar à medida que afirmo:

EU SOU desabrochando minha Chama
para a Prosperidade Solar *(repetir 3 vezes)*.

EU SOU desabrochando a Chama de minha família
para a Prosperidade Solar *(repetir 3 vezes)*.

EU SOU desabrochando a Chama de minha cidade
para a Prosperidade Solar *(repetir 3 vezes)*.

EU SOU desabrochando a Chama de meu País
para a Prosperidade Solar *(repetir 3 vezes)*.

EU SOU desabrochando a Chama de nosso Planeta Terra
para a Prosperidade Solar *(repetir 3 vezes)*.

Esta Chama flui através de mim e EU SOU sua Manifestação.

Assim seja! Amado EU SOU!

As Faculdades Criadoras de Meu Ser

Em nome da Grande e Eterna Lei da Vida,
a poderosa verdade e realidade de meu ser Divino,
centralizando-me agora na Chama da vida EU SOU:

EU SOU chamejando o Fogo Sagrado
através de meu centro coração! *(repetir 3 vezes)*.

EU SOU chamejando o Fogo Sagrado
através de minha mente! *(repetir 3 vezes)*.

EU SOU chamejando o Fogo Sagrado
através de todos os centros de meu ser! *(repetir 3 vezes)*.

EU SOU o conceito Divino de minha própria
perfeição e esta é a única realidade ativa nas
faculdades criadoras de meu ser!

Agora reivindico o pleno uso e mestria
de todas as faculdades internas e de todos
os centros de força dentro de mim.

EU SOU a plena aceitação da Divindade em mim!

Tornar-me a minha própria Divindade em ação
para cumprir a Lei é meu único desejo.

EU SOU selado eternamente na beleza e perfeição
do Fogo Sagrado, para criar somente a sua perfeição!

Assim seja! Amado EU SOU.

Eu Sou um Filho de Deus/Deusa

EU SOU um Filho de Deus/Deusa em viagem de retorno
em consciência ao lar de meu Pai e Mãe!

Eu Creio e Aceito minha transformação inevitável,
instantânea, milagrosa e completa na consciência Crística,
o que me dará uma poderosa proteção contra o mundo da
ilusão, até que alcance esse momento Cósmico em minha Vida!

EU SOU Purificando – Purificando –
Purificando minha consciência humana com o Fogo Sagrado,
através de cada pensamento, sentimento, palavra,
ação e reação em minha vida!

EU SOU Construindo Uma Vida Na Consciência Crística *(3 vezes)*.

E eu aceito isto para minha vida,
como o filho de Deus/Deusa que EU SOU!

Para Quando se Deseja uma Posição

Poderosa Presença EU SOU!
Assumi o comando de minha mente e corpo.

Colocai-me em vossa posição, onde vós desejais que eu esteja
e fazei com que eu sinta e saiba que nenhum ser, nem criação
humana tem qualquer poder para impedir isso em minha própria
atividade certa, meu próprio trabalho certo, meu próprio lugar
certo e fazei isso agora mesmo!

Que Assim Seja!

Auxílio Para a Reabilitação de Vícios

Com todo o poder e autoridade
a amada Presença de Deus EU SOU
e do amado Cristo Interno
que habita em nossos corações!

Invocamos a assistência pessoal
de nosso amado Mestre Ascensionado Kuthumi
e seu Momentum da Chama da Iluminação
do amado Mestre Lanto,

do amado Arcanjo Jofiel
e de todos os anjos da Iluminação
que com eles servem.

Nós demandamos, demandamos, demandamos
o envio concentrado dos Raios da Iluminação de Deus
para todos aqueles que se encontram nas clínicas de cura
ou que de qualquer forma estão buscando reabilitação
do vício dos narcóticos.

Dai-lhes um poderoso auxílio
e ajudai-os a ter força de caráter
para se libertarem de todas as sombras humanas
e entrarem numa senda de aspecto mais elevado
e construtivo na vida.

Nós aceitamos este chamado respondido
pela misericórdia de Deus/Deusa e
no mais Sagrado nome EU SOU.

A Restauração de Minha Vida

Minha querida essência Divina, eu vos amo e vos adoro!

Brilhai através de todos os meus esforços
para converter-me em Um convosco.

Ó flamejante Presença de Luz,
permiti que a dádiva de amor Divino que é somente
vossa para dar flua através de mim para libertar a vida.

Peço que eu possa ser uma porta aberta para o amor.

Enquanto acelero minha jornada para a unidade eterna
convosco, eu conscientemente atraio para mim todas as
minhas energias que tanto desejo amar livre.

Ó Chama de meu coração, ajudai-me a amar-me livre
e amar livre todas as energias retornantes...
enquanto estou nos assuntos de meu Pai...
de amar toda vida livre!

Em vosso nome aceito agora que,
em todas as minhas experiências diárias:
EU SOU

Reclamando todas minhas energias
outra vez ao coração do amor! *(repetir 3 vezes)*

EU SOU o FOGO VIOLETA em ação,
amando-me livre! *(repetir 3 vezes)*

EU SOU grato ao Fogo Violeta Sagrado, o aspecto mais
poderoso do amor, que instantaneamente transmuta
toda a energia pendente, outra vez à perfeição.

EU SOU novamente Um convosco,
como mais Sagrado nome de Deus EU SOU.

"Eu Sou" a Luz de Deus

EU SOU a Luz de Deus que nunca falha!

EU SOU a Luz de Deus que equilibra, supre e liberta!

EU SOU a Luz de Deus eternamente viva no coração de cada
Filho de Deus!

EU SOU a Luz de Deus e EU SOU
A alegria, a verdade e a paz!

EU SOU a Luz de Deus que guia a todos os seus filhos!

EU SOU a Luz de Deus, a eterna morada
Para onde voltarás!

EU SOU a Luz de Deus, a paz, a meta...
que orienta, clarifica, constrói, purifica...

Pureza que EU SOU!

Verdade que EU SOU!

Bênção... que o EU SOU espalha com amor.

Afirmação da Verdadeira Identidade

EU SOU uma força de Deus movendo-se sobre este Planeta!

EU SOU uma força ascendente de acelerada vibração
e consciência que é minha chama-coração,
o verdadeiro centro de meu ser!

Esta Chama se converte em minha aura
girando em espiral ao meu redor.
A energia cósmica flui através desta aura.

EU SOU um ser de Luz muito poderoso!

EU SOU uno com toda Luz!

A Grande consciência Universal,
EU SOU esse EU SOU!

Mantra da Unificação

Os filhos dos homens são um e eu sou um com eles.

Cuido de amar, não de odiar;
Cuido de servir, não de exigir serviço;
Cuido de curar, nunca de ferir.

Que a dor traga a devida recompensa de Luz e amor,
Que a alma controle a forma externa,
a vida e todos os acontecimentos;

E traga à Luz o amor subjacente
a tudo quando ocorre nessa época.

Que venham visão e percepção internas,
que o porvir seja revelado,
que a união interna seja demonstrada
e que cessem as divisões externas.

Que prevaleça o amor, que todos os homens amem.

Decreto de Iluminação Divina para os Líderes da Nova Era da Liberdade

Com todo o poder de autoridade da amada Presença de Deus EU SOU!

Nós decretamos a iluminação Divina para todos os líderes que recebem os ensinamentos da Nova Era nos níveis internos e demandamos que se ponham em contato com aqueles indivíduos descendo as escadarias... enquanto nós, em grande elevação de consciência, subimos as mesmas escadarias de cristal, buscando-o... ei-lo à nossa frente, com as mãos estendidas, o olhar pleno de amor e paz, abençoando-nos... envolvendo e selando a todos e a tudo, na Chama Cósmica da Unidade.

"Eu Sou" Alfa e Ômega

EU SOU, EU SOU o que EU SOU!
ALFA e ÔMEGA sabem que EU SOU.

EU SOU o EU SOU que ALFA e ÔMEGA conhecem.
HÉLIOS e VESTA sabem que EU SOU.

EU SOU o EU SOU que HÉLIOS e VESTA conhecem.
Minha Presença sabe que EU SOU.

EU SOU o EU SOU que a minha Presença conhece.
EU SOU o que EU SOU.

EU SOU cada parte da Criação boa e perfeita.
EU SOU o que EU SOU e, portanto,
cada parte da Criação boa e perfeita é parte do que EU SOU.

EU SOU está presente em minha vida
e automaticamente a perfeição mantém domínio.

Já não permito que EU SOU esteja ausente em minha vida,
em qualquer situação na qual meus veículos estejam
sem direção e atuem com velhos hábitos.

Agora afirmo ser EU SOU presente, continuamente.
Agora, Agora e Agora.
E para sempre EU SOU presente.

EU SOU o EU SOU cria,
mas cria continuamente a mais que a perfeição.

À medida que Alfa e Ômega experimentam EU SOU,
automaticamente aparece mais perfeição em seu Universo.

À medida que experimento EU SOU,
só mais perfeição entra em meu Universo,
e novamente agora, à medida que experimento
EU SOU, entra mais perfeição em meu Universo.

E agora outra vez.
E Agora e Agora e Agora.

Até que EU SOU, uma experiência contínua do EU SOU.
EU SOU o que EU SOU, Agora, Agora e Agora.

E para sempre e para sempre e para sempre.
EU SOU, EU SOU, EU SOU,

A radiante luz dos milhares de sóis
que coabitam em mim e em cada uma das pessoas
que aqui habitam no Planeta Terra.

EU SOU, EU SOU, EU SOU,
A irradiação permanente da paz radiante
e da harmonia cósmica,
em cada um dos quadrantes aqui no Planeta Terra
e todas suas esferas, reinos, planos e dimensões.

EU SOU, EU SOU, EU SOU,
A beleza do amor e da proteção amorosa de toda hierarquia
iluminada irradiando e expandindo integralmente
essa beleza para todo Universo!

Conclusão

Nosso interesse é deixar em suas mãos uma história que começou mais ou menos assim, do jeito que pude colocar aqui. E que é riquíssima; teremos outras aventuras em breve. Portanto, trabalhadores e trabalhadoras, guerreiros e guerreiras da luz, do amor e da harmonia cósmica, sejam valentes, amorosos e sigam sua estrela-guia. Ela está sempre a esperá-los...

Lembro-lhes mais uma vez de que transcrevi de uma apostila de minha autoria muito do que aqui vocês leram, e nem todos os livros aqui sugeridos foram transcritos para a apostila.

Não encerrem suas buscas ao terminaram de ler este livro, ponham-se a praticar. Espero que ele lhes tenha sido útil, pois nossa Jornada Iniciática está apenas começando...

Sejam felizes e encontrem-se no seu propósito e Plano Divino! Com alegria profunda na alma,

Doriana Tamburini

Bibliografia

BALLARD, Guy. *EU SOU a Presença Mágica*. Ponte Para Liberdade. 5ª ed., 2006.

CALVACANTI, Virginia. *O Equilíbrio da Energia está no Salto do Tigre,* Editora Objetiva, 1989.

CAREY, Ken. *O Retorno das Tribos-Pássaros.* Cultrix, 1989.

CHOHAN, Maha e Outros Seres Ascensionados. *Vossa atuação na Idade de Ouro*. FEEU, 1993.

CLARK, Glenn. *O Homem que Tocou os Segredos do Universo.* Editora Pensamento. 1ª Ed., 2005.

CLAUSSEN, Maria Soares. *O Livro de Ouro de Saint Germain.* Ponte para Liberdade. 1ª ed., 2007.

DUNCAN, Antonio. *O A B C dos Cristais*. Círculo do Livro, 2000.

GASPARETTO, L.A.– *Atitude.* Vida e Consciência, 2000.

GRISCOM, Chris. *A Fusão do Feminino.* Siciliano, 1991.

Gynska, Tola. *Eu Sou I Am – O Reino de Aquário*. Brasil, Vahali, 1995.

Katrina Raphaell – *Transmissões Cristalinas*. Pensamento. 1ª Ed. 1991.

PRADO, Lourenço. *Alegria e Triunfo*. Pensamento. 2013.

_____. *Equilíbrio e Recompensa.* Pensamento. 1997.

PROPHET, Elisabete Soares. *Livro Alquímico de Saint Germain* - Nova Era, 1998.

ROSA, Henrique. *Portal para a Eternidade*. Rumo. 1990.

SAINT GERMAIN, Comte De. *Mistérios desvelados*. Ponte para Liberdade, 2006.

SARACENI, Rubens. *O Guardião da Meia-Noite*. Madras. 2009.

TAYLOR, Terry. *Anjos Mensageiros da Luz*. Pensamento. 1991.

UCHÔA, Ricardo. *Annie Besant – Os Mestres*. Clube de Autores. 2016.

VARELLA, Marisa. *A Gruta do Sol*. Nova Fronteira. 1991.

Ponte para Liberdade. *Discursos de Saint Germain*. Ponte para Liberdade. 7ª ed., 2012.

_____. *Instruções do Mestre Ascensionado Saint Germain*. Ponte para Liberdade. 4ª ed., 2001.

_____. *Meditação e apelos*. Ponte para Liberdade, 1992.

_____. *O Fogo Violeta*. Ponte para Liberdade, 2007.

Contatos com a autora
www.fraternidadedos12raios.net
e-mail: fraternidadedos12raios@gmail.com

Conheça outros livros da Editora Alfabeto

Conheça outros livros da Editora Alfabeto

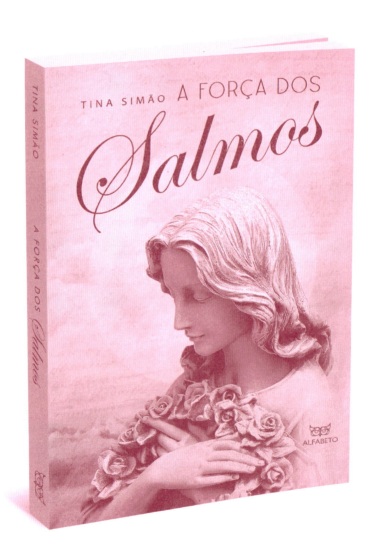